AF258583

ILE TAHITI

ÉTAT

DES

CULTURES

EN

MIL HUIT CENT SOIXANTE-CINQ.

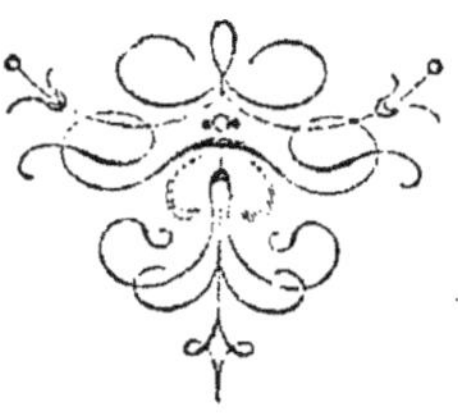

PAPEETE.

IMPRIMERIE DU GOUVERNEMENT.

1866

ILE TAHITI.

RAPPORT

FAIT

A M. LE COMMANDANT COMMISSAIRE IMPÉRIAL

PAR

LA COMMISSION D'INSPECTION DES CULTURES.

PAPEETE.

IMPRIMERIE DU GOUVERNEMENT.

—

1866.

RAPPORT

FAIT

A M. le Commandant Commissaire Impérial

PAR

LA COMMISSION D'INSPECTION DES CULTURES (1).

Papecte, le 31 décembre 1865.

Monsieur le Commissaire Impérial,

Après l'inspection de l'établissement Soarès et Cie, dont nous avons fait l'objet d'un rapport spécial (2), nous devions, conformément à vos instructions, examiner les diverses cultures entreprises dans l'île de Tahiti, apprécier leur valeur foncière, leur rapport actuel, et celui qu'elles peuvent atteindre ; constater, enfin, les progrès généraux effectués dans ce sens, soit par les indigènes, soit par les Européens.

Le rapport que nous avons l'honneur de vous adresser, et que nous nous sommes efforcés de rendre aussi complet que possible, présente la situation agricole du pays au moment de notre tournée, c'est-à-dire du 18 septembre au 30 octobre. Nous notons en passant cette courte période pendant laquelle le travail de la terre a pris un développement marqué.

Devant l'activité qui se manifeste, il nous serait difficile d'appré-

---

(1) Cette Commission a été instituée par un arrêté en date du 31 janvier 1865 et organisée par une décision du 14 septembre dernier.

(2) Ce rapport, publié d'abord en 4 pages, puis inséré dans le *Messager* du 11 novembre 1865, est reproduit à la fin de cette brochure. (Voir pages 83 et suivantes.)

cier l'extension que prendra la culture, grande ou petite, dans un temps peu éloigné, mais ce que nous pouvons affirmer, c'est qu'elle a reçu cette année une vive impulsion. S'il nous est permis d'assigner une cause à ce mouvement dans un pays où l'indolence et le *statu quo* étaient, au moins chez les indigènes, à l'ordre du jour de temps immémorial, nous n'hésiterons pas à l'attribuer à la mesure ordonnée de faire assurer, par la Caisse agricole, aux producteurs de coton un débouché pour leurs produits, de créer, en un mot, sur la place, un marché régulier, accessible à tous, — véritable égide du planteur, du petit planteur surtout, contre le caprice du monopole primitif.

Stimulés par la certitude d'écouler le fruit de leur labeur, de retirer un revenu certain, palpable, de ces terres fécondes qu'ils négligeaient dans la crainte de ne pas être rétribués de leurs fatigues, heureux surtout d'être payés, non plus en denrées, comme jadis, mais en numéraire dont ils peuvent disposer à leur gré, les Européens répandus dans l'île ont accueilli avec bonheur cette mesure; ils ont donné à leurs efforts une nouvelle énergie. Les Indiens, qui ne cultivaient guère que leurs vivres, et dont les rares produits n'étaient payés qu'en marchandises, trop souvent appréciées au-dessus de leur valeur raisonnable, ont saisi avidement le moyen qui leur était offert de se procurer par un peu de travail un bien-être dont ils n'avaient pas l'idée. Cette garantie a même développé chez eux des instincts, des aptitudes que l'on est étonné, à bon droit, d'y rencontrer; ils ont senti les avantages de l'association, et nous pourrons citer plus loin tel chef de district qui a engagé les propriétaires grands et petits de son village à ne faire de toutes leurs parcelles réunies qu'une seule et vaste exploitation: estimant avec raison que les frais seraient moindres, les produits plus abondants, et que chacun des sociétaires y gagnerait.

Nous ne devons pas non plus oublier, Monsieur le Commissaire Impérial, de signaler parmi les causes de cet élan subit, inattendu, qui entraîne dans la voie du progrès l'agriculture à Tahiti, les conseils, les exhortations que vous n'avez cessé de prodiguer aux indigènes. Les districts se souviennent de la tournée que vous fîtes au mois d'août, et les indigènes font dater de cette époque leurs premiers travaux agricoles sérieux. La distribution gratuite de graines de coton de qualité supérieure leur a facilité les moyens de se livrer à ces occupations nouvelles pour eux ; beaucoup en demandent encore, d'autres cherchent à se procurer les instruments de travail qui leur manquent.

Le coton n'a pas été l'objet unique de ces récentes entreprises. A côté de ce produit, seul admis, cette année, à profiter des avantages pécuniaires offerts par la Caisse agricole, il faut mentionner le café, qui tend à devenir l'objet d'une exploitation régulière, et qu'il sera utile de faire bénéficier aussi de la mesure prise pour le coton. Les procédés employés pour sa récolte, les soins à lui donner, laissent, il est vrai, encore à désirer ; mais l'expérience de chaque jour amènera en cela les modifications nécessaires, et Tahiti, avec son beau climat et la fertilité sans égale de son sol, arrivera promptement à compter sur les marchés à café d'Europe, où cette denrée est de plus en plus demandée.

La canne, dont la culture est en ce moment concentrée autour de Papeete, ne peut encore, eu égard au prix élevé des salaires, à la rareté des bras, assurer des bénéfices bien sensibles à ceux qui l'exploitent en sucre. Cependant, la beauté, la qualité des produits obtenus, rhum ou sucre, sont telles, qu'il est certain que l'île, dans un temps donné, trouvera dans l'industrie sucrière une véritable source de richesses. Des colons n'ont pas hésité à faire, dans cette conviction, la dépense de machines coûteuses. L'équilibre entre le prix du travail et celui des denrées s'établira sans doute et permettra de reprendre une exploitation dont il reste de nombreux vestiges sur divers points de l'île, vestiges que les bestiaux errants achèvent de faire disparaître.

Les cocotiers, qui, dans l'état actuel, ne sont guère utilisés au point de vue de l'industrie, malgré leur grand nombre, leur belle venue et l'excellence du terrain de l'île pour leur culture, sont, en ce moment, plantés en quantité considérable sur diverses propriétés, et pourront, dans quelque temps, fournir à l'exportation de l'huile de meilleure qualité, mieux préparée surtout que celle qui circule sur la place.

Les procédés tout primitifs employés à sa confection, procédés que de légères modifications pourraient améliorer, ne donnent qu'une quantité moindre d'une huile infecte et ne permettent de faire concurrence aux produits d'aucun autre pays. Encore n'est-ce pas à Tahiti, mais bien dans les îles environnantes qu'est concentrée cette fabrication.

Le brou, matière d'une utilité immédiate dans un pays de marins, et de pêcheurs, est ici à peu près perdu.

La vanille, dans les premiers temps de son exploitation, a donné à ceux qui s'en occupaient des bénéfices notables, mais elle est en ce moment trop dépréciée sur la place pour dédommager les colons des soins minutieux qu'elle exige. Néanmoins, elle pourra fournir, dans des conditions plus favorables, son contingent à l'exportation.

La liste des ressources naturelles du pays, capables d'augmenter sa richesse en contribuant à l'alimentation des marchés étrangers, serait longue : le manioc, le gingembre, le curcuma, l'indigo enfin, qui croît partout ici à l'état sauvage, mais que l'élévation du prix du travail oblige de négliger, pourront un jour devenir l'objet d'une culture régulière, profitable. L'île abonde encore en matériaux de construction : les bois inaltérables, les pierres, les terres argileuses, le sable, la chaux, tout est là réuni sous la main pour faciliter la construction de grands bâtiments d'exploitation. Toutes ces ressources ne demandent que de l'intelligence et des bras.

L'impulsion remarquable donnée à la culture en général et à celle du coton en particulier, à Tahiti, se trouve encore gênée, ralentie par des obstacles qui ne tarderont pas à tomber. Le libre parcours des bestiaux, dont les Indiens eux-mêmes reconnaissent les désastreux effets, condamne à l'abandon et à l'envahissement par les goyaviers des districts entiers. Il a fallu que le mal fût bien grand pour que, dans certains districts, les indigènes aient cru devoir prendre, par anticipation, une mesure dans l'exécution de laquelle le gouvernement n'a fait que les suivre. C'est avec une sorte de fierté que l'assemblée de Papenoo nous disait, par l'organe de son orateur : « *Nous sommes les fils aînés de la décision qui abolit la vaine « pâture.* » Ils n'ont pas, pour cela, renoncé à posséder des bestiaux. A Papenoo, à Mahaena, ils ont créé des parcs fermés : ils y gagnent la sécurité de leurs cultures ; ils y gagnent aussi de ne pas être obligés, comme à Afaahiti, à Vairao, de construire autour de leurs cases de véritables fortifications pour se mettre à l'abri de ces incommodes voisins. Les bestiaux y trouvent aussi leur profit. Mieux soignés, moins exposés aux mille accidents qui déciment les troupeaux errants, ils sont dans des conditions assez avantageuses pour que des étrangers, comme nous l'avons vu à Mahaena, aient cru devoir les placer dans des parcs appartenant à des indigènes et les confier à leurs soins.

Si le gros bétail dévaste les cultures, brise les enclos, les porcs errants ne font pas moins de ravages, surtout sur les routes, qu'ils fouillent profondément, et qu'ils disposent à devenir, aux premières pluies, d'infranchissables bourbiers. Tous ces animaux, du reste, passés à l'état sauvage, dépérissent rapidement ; ils cherchent aux flancs des collines, dans les ravins, une nourriture précaire : ils succombent, sans soins, aux moindres accidents inhérents à ce genre de vie dans un pays aussi profondément découpé. Au bout de quelques générations, ils ne constituent plus qu'une race amoindrie, maigre, dont la viande est d'une qualité inférieure, et qu'il deviendrait urgent de renouveler.

La facilité de modifier le régime actuel des bestiaux, dans les districts où règne encore la vaine pâture, est évidente, et les intéressés devront chercher ailleurs que dans l'impossibilité de mieux faire les objections qu'ils pourront présenter pour sa conservation. Les indigènes, nous l'avons dit, ont pris les devants dans certains districts ; le pays offre ailleurs tout autant de moyens aisés de parquer les animaux. Des vallées étroites à leur entrée, inutiles en ce moment, faciles à fermer ; des marais capables de former d'excellents prés salés, et dont le dessèchement nécessiterait peu de travaux, tout cela peut être enclos avec moins de peines et de frais que ne s'en sont imposés, pour entourer isolément leurs cases, les gens de ces districts. Toutes ces enceintes partielles, additionnées, effraient l'imagination par la somme énorme de temps perdu et de travail qu'elles représentent, dépensée pour en arriver à abandonner sans conteste à quelques bêtes à cornes un territoire tout entier.

C'est là ce que nous avons constaté, et qui fort heureusement va disparaître. Partout, les assemblées des districts ont accueilli avec faveur, presque avec enthousiasme, la proposition par nous faite, en exécution de vos instructions, de supprimer définitivement la vaine pâture, et ce en réservant dans chaque district, et suivant le besoin, une ou plusieurs vallées où les propriétaires de bestiaux trouveraient à les parquer moyennant rétribution au profit des détenteurs du sol. Et cela n'a lieu de surprendre personne : à côté de la question d'intérêt matériel, il y a aussi, Monsieur le Commissaire Impérial, une question de haute justice, d'équité toute naturelle. Un grand nombre de ceux qui possèdent des troupeaux de bestiaux errants, au grand détriment des propriétaires du sol, n'ont pas à eux, dans les districts que ravagent leurs animaux, un seul morceau de terrain. D'un autre côté, les Indiens de certains villages, condamnés aux courses et aux déprédations des troupeaux appartenant à des étrangers, n'ont pas à eux une seule tête de bétail, ou n'en ont qu'un nombre insignifiant. Aussi avons-nous, dans quelques-unes des assemblées générales réunies à ce sujet, entendu cette proposition approuvée de tous : « *Nous sommes prêts même à sacrifier le peu de bestiaux* « *que nous possédons, si cela doit nous débarrasser des troupeaux* « *des autres.* »

Telle est, Monsieur le Commissaire Impérial, la situation présente en ce qui concerne la question de la vaine pâture. Les indigènes ont hâte d'y voir donner une solution définitive, et leur unanimité à cet égard nous permet d'avancer avec certitude qu'ils prêteront un concours actif à l'exécution de toute mesure ayant pour but de faire cesser d'une manière générale le libre parcours des bestiaux.

Il reste une autre cause, moins grave, il est vrai, mais assez sérieuse pourtant, de la lenteur que mettent certains districts, soit à suivre le mouvement général, soit à exécuter les travaux de routes, si nécessaires à l'agriculture ; elle se trouve dans la construction encore inachevée de leurs cases métriques. Outre des contestations fréquentes au sujet de la possession des terrains qu'elles occupent, contestations qui leur occasionnent des déplacements et interrompent toutes leurs affaires privées, il faut compter aussi la mauvaise volonté de ceux qui, munis déjà d'une maison, grâce au travail commun, s'embarrassent peu de loger à leur tour leurs compatriotes. D'un autre côté, ceux qui n'ont pas encore de cases, et qui ont contribué à la construction de celles de leurs voisins, voudraient maintenant, comme à Faone, aller s'établir à une distance considérable du point choisi primitivement pour l'établissement du village, et exigent qu'on vienne leur bâtir leurs maisons à cet endroit de prédilection. De là des récriminations, du temps perdu, les cultures négligées, les routes abandonnées. Le bon sens des Indiens ne les trompe pas à ce sujet, et tous soupirent après l'achèvement de ces éternelles cases métriques, qui, aux termes de l'ordonnance qui en prescrit la construction, devaient, sous peine d'une amende de 100 à 200 francs, être terminées à la fin de l'année 1862.

Tel est, Monsieur le Commissaire Impérial, le résumé de quelques-unes des observations générales que nous avons pu faire pendant notre tournée dans les districts de l'île. Un exposé détaillé des diverses cultures entreprises, soit par des Européens, soit par des Tahitiens, pourra donner une idée plus complète de l'état présent du pays au point de vue agricole, et de ce qu'il pourra devenir un jour. Nous n'avons pas cru devoir faire deux catégories de planteurs, indigènes et étrangers; l'objet est le même des deux parts, les moyens employés n'offrent aucune différence dans l'espèce. Seules, les proportions sur lesquelles opèrent les premiers sont moindres : la pratique, les moyens d'agir, l'esprit d'initiative dont disposent les seconds expliquent cette infériorité dans l'importance des travaux; les Indiens, conviés depuis trop peu de temps à pareil emploi de leurs forces et de leurs terres, n'en sont pas encore là.

Nous n'avons pas cru devoir, non plus, faire des catégories des genres de cultures; les colons et les indigènes, sauf de rares exceptions qui seront signalées au paragraphe qui concerne spécialement chacun d'eux, ne se bornant presque jamais à une seule espèce de denrée, et profitant des dispositions du terrain, des différences dans sa qualité, pour varier leurs produits, intercaler ou annexer à l'exploitation principale des plantations secondaires.

La Commission a d'abord examiné tout ce qui se trouvait de cultures dans les environs de Papeete, dans le rayon le plus immédiat de l'influence européenne, et c'est avec les données déjà acquises pendant cette tournée, autant sur les domaines exploités par des particuliers que sur la grande plantation Soarès, à Atimaono, qu'elle a commencé dans les districts une minutieuse inspection des ressources agricoles qu'ils peuvent offrir.

Nous avons donc l'honneur, Monsieur le Commissaire Impérial, de vous exposer ce tableau, pour la formation duquel nous avons suivi le programme tracé par vos instructions.

Environs de Papeete.

C'est dans cette direction, grâce au voisinage de la ville et à d'autres circonstances que nous allons signaler, que s'accumulent le plus de plantations, d'étendue variable, exploitées, soit par des indigènes, soit par des Européens. Trois vallées, en effet, celles de Fautaua, d'Haamuta, de Pirae, s'ouvrent largement du côté de la mer, et ont formé à leur entrée de grands dépôts d'alluvion. Ces terres de rapport, aussi bien que celles des vallées elles-mêmes, sont excellentes; sauf, surtout à leur évasement, quelques longues trainées de blocs de toute taille, entassés, roulés, cimentés par une mince couche d'humus mêlé de sable, qui semblent provenir d'un changement de cours dans ces rivières torrentielles, ou de la débâcle de quelques vallées latérales, jadis transformées en lacs par une cause quelconque. Tout le reste de la partie plate consiste en une terre forte, humide, que nous avons trouvée fraiche encore après la longue sécheresse dont nous voyons le terme.

Cette zône est extrêmement large et se prolonge bien avant dans les terres, surtout en face de l'ouverture des vallées que nous venons de nommer. Une étroite bande, marécageuse auprès de Papeete, sablonneuse à mesure qu'on se dirige du côté de Taonoa, la sépare de la mer. C'est là, sur les deux côtés de là route, que se trouvent concentrés en ce moment le plus de genres de cultures.

N° 1. — HAMEL (Louis), Français. Établi immédiatement au-delà de Fare-Ute, sur un terrain ingrat, marécageux, dévasté par les tourlourous; sablonneux du côté de la mer, meilleur cependant du côté de l'intérieur.

Il possède en tout cinq hectares, dont quatre et demi étaient défrichés, et un demi-hectare planté et en rapport au mois d'octobre. Il travaillait activement, à cette époque, à mettre le tout en exploitation, tant en coton qu'en maïs, cannes à sucre ou légumes.

Le coton, malgré les mauvaises conditions dans lesquelles il a été semé, a réussi à force de soins; il est de qualité supérieure, provenant de graines données par MM. Brander et Stewart; il a été planté en mars, mais les graines ont dû être renouvelées souvent dans la partie la plus défavorisée de la propriété. Il n'avait encore, du reste, en octobre, rapporté que 50 francs.

M. Hamel a eu à lutter, dans la mise en valeur de ce terrain, contre des obstacles sérieux. Aidé d'un seul Indien, payé à 2 fr. 50 c. par jour, il a dû, pour rendre une partie de sa propriété nous ne dirons pas cultivable, mais praticable, creuser de profondes tranchées, ménager un écoulement aux eaux dans un sol mouvant, établir, en un mot, tout un système de drainage à ciel ouvert, qui lui a permis d'asseoir ses cultures et même sa maison sur un terrain sec et solide.

L'homme qui l'a aidé dans ce travail et dans la construction de ses deux cases, que nous pouvons estimer valoir 500 fr., est un indigène de l'archipel de Cook, dont M. Hamel apprécie les services. Nous aurons à revenir plus d'une fois sur cette race d'Indiens, les seuls que l'on ait pu employer d'une façon régulière, suivie, sur les plantations, et dont tous les colons s'accordent à se louer. Ils ont été jusqu'ici, sur la petite exploitation, la sauvegarde du travail de la terre, auquel répugnent les Tahitiens lorsqu'ils n'y sont pas intéressés directement à titre de propriétaires. Les Indiens des archipels voisins offrent, d'ailleurs, à divers degrés, les mêmes qualités et les mêmes ressources à l'agriculture que ceux de la provenance précitée.

M. Hamel ne possède pas de bestiaux.

Enfin, ce propriétaire nous a formulé, au sujet de l'état général de sa plantation, une observation que nous avons entendu faire presque partout, dans cette partie de la campagne. Les nombreux massifs de goyaviers, conservés intacts sur des terrains inexploités, sont devenus, pour les voisins, un véritable fléau : des légions de rats, inattaquables dans ces asiles, y pullulent en liberté, et en sortent la nuit pour aller dévaster le coton mûr en mangeant les graines, ronger, en un mot, tout ce qui s'offre à leur dent. Rien de ce qui nuit à l'agriculture ne doit être dédaigné, et, tout singulier qu'il soit, nous avons cru devoir signaler cet inconvénient.

N° 2. — HURIA, Tahitien. Sur le côté gauche de la route de Papeete à Haapape ; le terrain y est d'une bonne qualité, l'humus noir, profond, bien arrosé en toute saison.

Le propriétaire a défriché et planté, en juin, environ 38 ares sur lesquels les lignes de cotonniers alternent avec des lignes de maïs. Il possède aussi quelques cocotiers.

Les graines de coton qu'il a semées les premières provenaient de chez M. Brander. Faute d'habitude ou de soins, ce premier semis a avorté ; celles qui ont produit le coton existant proviennent de la Caisse agricole.

Cet homme ne possède, en fait de bâtiments, que sa case tahitienne ; il travaille avec courage et désirerait s'agrandir, mais il est seul, et doit, par semaine, deux jours de corvée pour les travaux communaux de son district.

N° 3. — **BONNET** (Auguste). Placé dans la même zone et dans les mêmes conditions que le terrain précédent, le fonds est excellent, bien arrosé. Cette propriété a été achetée en 1861, et depuis a été spécialement exploitée en légumes et arbres fruitiers.

Nous n'avons pu avoir de renseignements sur sa surface qui est considérable, en grande partie défrichée, sinon cultivée. En ce moment elle comporte une assez grande variété de cultures :

Mille cocotiers environ ;

Une certaine quantité de cacaoyers, 30 environ, datant de 1862, bien venus, mais qui une première fois ont perdu leurs fleurs. Ils étaient de nouveau en pleine inflorescence en octobre ;

Une belle collection d'arbres fruitiers, jeunes encore, mais de bonne venue, ainsi que des eucalyptus de trois ans ;

Une tarotière, placée dans les meilleures conditions d'irrigation et de terrain ;

Un potager, enfin, la plus sérieuse des exploitations de cette propriété. Il est très-grand, parfaitement entretenu, aussi varié que possible en ce pays. L'homme de peine qui se trouvait sur les lieux n'a pu nous donner le chiffre, même approximatif, de son revenu. Sa formation date de deux ans.

Des caféiers avaient été plantés aussi chez M. Bonnet, mais leur exposition trop directe aux rayons du soleil leur a été fatale ; elle en a causé la destruction.

Une maison et deux cases, que nous estimons valoir en tout 1,500 fr., sont les seules constructions qui s'élèvent sur ce terrain.

M. Bonnet emploie sur sa plantation, depuis trois ans, les mêmes travailleurs : ce sont deux indigènes de l'archipel de Cook, qui paraissent actifs et intelligents.

N° 4. — **RENVOYÉ**. Se trouve dans les mêmes conditions que le précédent, au point de vue de la situation et de la qualité du terrain. La surface totale de ce qui est cultivé est ainsi divisée :

Coton, 2 hectares, défrichés il y a moins de deux ans, plantés il y a quatorze mois environ ;

Cannes à sucre, 1 hectare ; cocotiers, 100 pieds.

Le coton est de première qualité ; les graines proviennent de chez M. Hort, et, malgré le voisinage de quelques cotonniers tahitiens dont nous avons conseillé la destruction, n'ont pas encore dégénéré. Ces deux hectares avaient fourni, au mois d'octobre, une petite récolte vendue partie à la Caisse agricole, partie à M. Hort. Aujourd'hui, M. Renvoyé estime à 880 francs le produit qu'il a retiré de son coton.

La canne est destinée à être portée au moulin ; elle est belle et dans les meilleures conditions. C'est pour agrandir ce genre de plantation que l'on continue à défricher sur ce terrain.

Une tarotière, un potager, tous les deux bien tenus, complètent cette propriété, où le travail est très-soigné et conduit avec intelligence.

M. Renvoyé ne possède pas d'animaux sur sa plantation, sauf deux belles chèvres. Une assez jolie maison d'habitation et deux cases indigènes, dont la valeur totale peut aller à 2,700 francs, s'élèvent au milieu des cultures.

M. Renvoyé, pour tous ces travaux, exécutés en dix-sept mois, a employé deux hommes d'une façon régulière, payés à 60 fr. par mois, mais non nourris. Il a dépensé jusqu'à présent, en journées de travail, 2,160 francs. Lors de notre passage, au mois d'octobre, quatre journaliers, dont un Tahitien seulement et trois indigènes de Mangia, étaient occupés aux travaux de la propriété.

N° 5. — WENNELSTEIN. Établi sur un terrain appartenant à sa femme, au village de Pare, toujours dans la même zône, mais dans des conditions un peu moins favorables que les précédents, à cause du voisinage de la mer. Ce planteur cultive avec un soin extrême environ un demi-hectare d'un sol ingrat, bien nettoyé, propre maintenant à donner de beaux produits. Il a planté son premier coton en avril, et ne s'est arrêté dans son travail que lorsque le terrain lui a manqué.

Il a déjà recueilli une petite quantité de coton longue-soie, provenant de graines données par M. Hervé. Les premières, fournies par M. Brander, mais semées par un homme encore inexpérimenté et dans un mauvais moment, ont avorté.

Il cultive aussi un peu de manioc.

Une seule case d'habitation de peu de valeur.

M. Wennelstein travaille seul, et voudrait cependant s'agrandir d'un hectare environ, surface d'un terrain qui l'avoisine, couvert de goyaviers, repaire de rats, et ne renfermant, en fait d'arbres utiles, que six cocotiers. Il voudrait le planter en coton. Cet homme est un bon travailleur; il offre de payer en huit mois, avec les produits du terrain lui-même, ce qu'on lui aurait avancé pour payer ce dernier. La reine en exige 1,000 francs d'achat ou 200 francs de loyer, sommes qu'il n'est pas encore en mesure de pouvoir payer.

N° 6. — TAMARII, Tahitienne, au village de Pare. Le terrain, entouré de tarotières anciennes ou en culture, est excellent, d'une surface indéterminée. Elle fait continuer le défrichement de son terrain, commencé en juillet, et se prépare à planter à mesure qu'il avance. Elle a semé ainsi, avec des graines provenant de la Caisse agricole, un quart d'hectare environ qui n'avait encore rien produit en octobre, et elle se disposait à en faire autant sur toute sa propriété. Le système de défrichement qu'emploient les Tahitiens en cet endroit consiste à couper simplement et à brûler sur place le goyavier, ce que nous avons d'ailleurs vu faire en bien d'autres lieux, mais principalement sur les nouvelles plantations européennes.

N° 7. — FOSTER et ADAMS. Placée, comme la précédente, entre la route et la mer, la propriété de MM. Foster et Adams se trouve dans des conditions analogues d'exposition et de qualité de terrain, mais elle offre bien plus d'importance sous le rapport de l'étendue et de la puissance des moyens d'exploitation. Elle est tout en plaine, sur un fonds de terreau noir, résultant de l'accumulation des débris végétaux, bien arrosée, grâce à une source qui ne tarit jamais et maintient la terre humide en toute saison. Elle se compose de six pièces, d'une superficie totale de huit hectares, consacrés en entier à la culture de la canne à sucre. La mise en œuvre est facilitée par l'ouverture de routes de cinq mètres de large, dont l'une a 420 mètres de longueur en ligne droite et vient se terminer à cent mètres seulement de la mer.

Lors de notre passage, le défrichement était presque complet et se poursuivait avec activité. Malgré les gros arbres qui le rendaient, en certains endroits, excessivement laborieux, l'on pouvait prévoir l'instant où les huit hectares tout entiers allaient se trouver couverts de cannes séparées par de longues lignes de maïs.

MM. Foster et Adams ont commencé le défrichement en février 1865 et se sont mis à planter immédiatement des cannes à sucre, dont nous avons admiré la belle venue et la fraîcheur. Au mois de février ou de mars 1866, ils pourront commencer à tirer parti de cette première plantation et n'auront plus qu'à recueillir, à mesure, le produit des plantations successives, qui alimenteront désormais leur moulin sans interruption. Cette première récolte s'annonce, au reste, comme devant être extrêmement avantageuse.

L'installation de l'usine à vapeur, qui fonctionne à présent, a commencé en juin 1865, et le montage définitif de la machine qui sert à MM. Foster et Adams à extraire le sucre des cannes des plantations environnantes, date du 29 juillet. Le produit, en cassonade, était de belle qualité, et tendait d'une manière sensible à s'améliorer encore, grâce au soin tout particulier qu'apportent ces producteurs à perfectionner cette denrée, dont le prix, sur la place, est encore assez élevé.

En attendant qu'ils puissent utiliser leurs propres cannes, MM. Foster et Adams prélèvent sur celles que l'on porte à leur moulin un droit en nature d'un tiers du produit, qui s'est élevé jusqu'à présent à ce que représenteraient trois hectares et demi de cannes, environ dix mille livres de sucre, trois cents gallons de mélasse et autant de sirop.

La moyenne des journées de travail a donné quatre cents livres de sucre bien égoutté, et d'un beau grain.

Leur intention est de ne pas se borner à l'exploitation de la canne
à sucre, mais bien d'y joindre la fabrication du rhum; aussi ont-ils
demandé, à cet effet, les appareils nécessaires qui sont déjà en route
pour Tahiti.

La propriété comporte, en outre des cultures :

1° Deux bâtiments d'exploitation, pour les machines, établis sur le bord d'un ruisseau qui ne tarit jamais, valant... **6,625** francs.

2° Une distillerie inachevée dont les matériaux sont sur place, et représentent une valeur de... **3,815**

3° Une maison d'habitation et son entourage... **12,500**

4° Une cuisine, une écurie, un magasin et diverses dépendances... **2,820**

5° Étables, hangars, matériaux... **2,985**

La machine, de 2 à 3 chevaux, achetée à M. Rouffio 5,000 fr.,
payables par semestres de 1,250 francs, prise au domicile de ce dernier par MM. Adams et Foster, à leurs frais, a coûté jusqu'à présent :

Prix d'achat... **5,000** francs.
Réparations et changements, etc... **1,600**
Chaudières, [matériel, etc... **1,350**

Enfin, MM. Foster et Adams attendent :

Un alambic complet... **4,000** francs.
Chaudières... **1,500**
Machines... **2,250**
Moulin à sucre... **7,500**
Machine à égrener... **1,750**
   —   à nettoyer... **250**
Plaques de tôle pour toit (3 tonneaux)... **2,400**

Que l'on ajoute à cela la chaux, les 4,500 briques employées, etc.;
le prix de la terre, primitivement achetée 7,865 francs ; celui d'une
nouvelle acquisition, 1,340 francs, et l'on trouvera une dépense sérieuse dont l'avance indique, chez MM. Adams et Foster, autant de
confiance en l'avenir que de foi dans les ressources du pays.

Deux tombereaux et un buggy complètent le matériel de cet établissement.

Deux mulets, deux chevaux, deux vaches, deux veaux dans un
parc, seize porcs renfermés dans un autre parc, des volailles, seize
pintades, six paons vivent sur la propriété, contribuant à son exploitation, à son bien-être ou à son agrément.

Des arbres fruitiers, des manguiers, une belle treille entourent le
principal corps de logis et terminent, avec un champ de manioc, la
série des cultures de cette plantation.

MM. Adams et Foster, qui ont commencé à moudre le 18 août
seulement, emploient en moyenne dix indigènes, tous originaires de

l'archipel de Cook, payés à 60 fr. par mois sans la nourriture. Ils sont assez satisfaits du travail de ces hommes, que surveillait et dirigeait, à l'époque où nous y passâmes, un nommé Tumu, de Mangia, au service de la maison depuis six ans environ, et sur la plantation depuis trois ans bientôt. Cet Indien, depuis le mois d'octobre, a quitté brusquement l'habitation, donnant ainsi une preuve de l'incurable versatilité de cette race, et du peu de fonds qu'il faut faire sur son emploi dans un travail de longue haleine.

Deux Européens sont attachés aux détails de la machine et de la batterie.

MM. Foster et Adams ne formulent aucune plainte, aucune réclamation ; ils ne font que répéter ce que nous avons entendu partout, qu'il est toujours difficile, quelquefois impossible de se procurer des travailleurs, à quelque prix que ce soit.

Nº 8. — LAHARRAGUE. Toujours sur le côté gauche de la route de Papaoa, mais au-delà de la rivière de Fautaua. Cette partie de la campagne, située sur la rive droite de la rivière, est loin de valoir, comme terrain, les riches couches d'humus de la rive gauche ; le sable, les cailloux surtout y abondent.

Cette propriété a été achetée en partie à l'administration, il y a huit ans, en partie à la reine, il y a environ six ans. Elle comprend une maison d'habitation, un jardin planté de diverses cultures potagères, et, enfin, deux hectares de cocotiers et de cannes à sucre.

Le prix de revient, pour son entretien et son exploitation, est, jusqu'à présent, d'environ 100 fr. par mois, que ne couvrent pas encore les rendements.

Nº 9. — KEAN. A gauche de la route de Papaoa ; placé aussi dans des conditions de terrain moins favorables que les propriétés situées entre Pare et Papeete.

La terre est moins riche, plus sablonneuse, et de larges et profondes veines de cailloux roulés indiquent, à une époque reculée, quelque grande débâcle de la rivière de Fautaua. Nous avons retrouvé les traces de ce cataclysme, trop considérable pour n'avoir été qu'un simple changement de cours de la rivière, sur toute la ligne des terrains qui s'étendent de la plantation de M. Pater à la plage. Nous aurons à signaler le même fait, mais dans des proportions bien moins considérables, à l'entrée de la vallée de Pirae.

La surface de cette exploitation, complètement défrichée par arrachement, est de quatre hectares à peu près, mis nouvellement en culture et plantés de coton et de maïs qui n'ont pas encore donné de récolte. L'entretien général est bon, et la fin de la sécheresse activera l'arrivée à bon terme de ces semis entrepris à une époque défavorable.

Une case estimée 500 francs s'élève sur le terrain ; un seul Indien, de Raiatea, est employé d'une façon régulière aux travaux de culture.

M. Kean demande à s'agrandir dans la direction de certaines terres en friche qui le limitent, et désirerait que la Caisse agricole lui en facilitât les moyens.

N° 10. — ROBIN, à Taunoa. Terrain d'une grande étendue, tout en plaine, et présentant dans ses diverses parties des différences de qualités assez sensibles. Placé comme les précédents entre la route et la mer, il offre une superficie de 25 hectares, dont six en marais, que M. Robin compte rendre en partie à l'agriculture par des travaux, tandis qu'il transformera le reste en un réservoir, ressource précieuse pour l'irrigation et un établissement industriel.

Une autre partie de cette propriété consiste en une mince bande de terrain, la plus voisine de la mer, et qui subit les inconvénients de cette proximité; les grandes brises, la mer elle-même, y ont couché les cotonniers; les pierres, dont quelques-unes sont le reste d'un maraë, le sable, enfin, font de cette parcelle ce qu'il y a de plus ingrat sur la plantation.

Le reste est une terre riche, forte, dont la culture ne peut manquer d'être avantageuse, et dont huit hectares sont déjà défrichés par arrachement, à l'aide d'une chèvre qui, tout en enlevant les plus grosses souches de goyaviers, remue profondément le terrain.

Quatre hectares et demi, dont une partie était en plein rapport, sont plantés en coton. Ce coton, de première qualité, provient de graines fournies par M. Brander, triées avec un soin tout particulier par M. Robin, qui est arrivé, de cette façon, à des résultats dignes d'être signalés. Des semences résultant de ce choix minutieux ont donné un coton d'une longueur, d'une beauté, d'un soyeux bien supérieur à celui dont elles provenaient. Il est vrai que les plants mis à part avaient été surveillés, soignés sans relâche, et que la quantité recueillie de ce beau coton est encore assez faible; mais il n'en résulte pas moins que la plante est perfectible par la culture elle-même, et que le dépérissement que l'on redoute dans l'espèce actuellement répandue sur les plantations peut être retardé ou même évité à force d'attention dans le choix des semences.

M. Robin, au mois d'octobre, avait produit, depuis le mois de novembre 1864, 1,068 kilogrammes de coton, et continuait cette récolte qui était loin encore d'être achevée.

A la principale exploitation sont annexées des cultures diverses, mais d'une importance infiniment moindre. Des arbres fruitiers de différentes espèces, une pépinière de caféiers placée dans d'excellentes conditions d'ombre et de fraîcheur, peuvent entrer en ligne de compte parmi les ressources de la plantation, sur laquelle s'élèvent sept bâtiments, dont une maison d'habitation, une salle à manger, une cuisine munie d'un four, et des servitudes,

Trois Indiens, originaires de l'archipel de Cook, sont employés d'une façon régulière par M. Robin, qui leur donne 30 francs par mois et les nourrit; mais ces trois hommes, bien qu'ils soient de rudes travailleurs, ne suffisent pas, et nous entendions répéter là ce que nous devions entendre partout : les bras manquent. Heureux encore les colons qui ne s'en trouvent pas privés d'une façon absolue, comme il arrive à quelques-uns !

M. Robin s'est établi sur ce terrain en 1849. C'est le 1er novembre 1862 qu'il a commencé à le planter en coton. Telle qu'elle est en ce moment, l'acquisition de cette propriété est le résultat d'une œuvre de patience et d'opiniâtreté, inaugurée en 1862 par l'achat successif de parcelles de terres, continuée pendant treize ans, et terminée seulement, le 13 avril 1865, par une acquisition définitive. Pour mettre en valeur cette grande surface tout en plaine, M Robin voudrait avoir dix journaliers, dix engagés, sur le travail desquels il lui soit possible de compter : il n'a pas encore pu réaliser ce chiffre. M. Robin se plaint aussi des déprédations commises chez lui par d'incommodes voisins, espèce de tribu enfouie dans des massifs de goyaviers enclavés sur son terrain. La nuit, après de bruyantes réunions, les hommes, qui ont bu et joué, perdent un peu le respect de la propriété et commettent sur les terres des voisins des dégâts ou des vols plus irritants que réellement considérables, mais qui n'en sont pas moins une gêne pour le colon.

M. Robin désirerait aussi, mais dans un but industriel, amener sur sa propriété une partie de la rivière de Fautaua, à l'aide d'une prise d'eau en amont de la route de Papaoa, et développer une chute qui lui permît de faire fonctionner un moulin; mais jusqu'à présent trop de difficultés se sont opposées à l'exécution de ce projet.

N° 11. — PAOFAI, Tahitien, que ses fonctions à la Cour des toohitu et ses relations avec les Européens ont vite amené à reconnaître les avantages de la culture. Son terrain, toujours dans la même zône que les précédents, est de bonne qualité, bien défriché en partie, et planté à mesure que disparaissent les goyaviers. La surface entière est de trois hectares et demi, sur lesquels un hectare à peu près est cultivé en coton et en maïs, et porte en outre une cinquantaine de cocotiers.

Le coton, dont les graines proviennent de la Caisse agricole et de chez M. Robin, a été planté en août, et, malgré les conditions défavorables de cette plantation en pleine sécheresse, pourra donner une belle récolte. Une maison, celle du propriétaire, est bâtie sur le terrain, qui comporte en outre deux chevaux, des porcs, etc.

Paofai emploie à mettre en valeur cette propriété, jadis inutile, quatre Indiens, payés à la tâche, à raison de 6 fr. le umi (2 ares) défriché et prêt pour la culture. C'est moins que la moyenne des prix généralement trouvés. Ces hommes sont Tahitiens, soumis aux travaux communaux ; et la seule demande que formule Paofai est qu'on exonère de ces travaux les ouvriers qu'il emploie et surveille lui-même, mais dont il ne peut attendre, dans les conditions actuelles, aucun service régulier.

N° 12. — TAIMAI, Tahitien. Placé comme le précédent sur le côté gauche de la route, tout en plaine et droit en face de l'ouverture de la vallée de Pirae. Le terrain est encore d'une excellente qualité. Sa surface est d'un peu plus d'un hectare, soit 10,188 mètres carrés, sur lesquels un tiers est défriché et planté avec soin en coton, dont les graines proviennent de chez M. Labbé. Le défrichement continuait avec activité, et de nouvelles plantations le suivaient à mesure qu'il découvrait la terre. La mise en œuvre de ce terrain qui n'a pas encore produit, les semis ne datant que d'un mois, est fort bonne ; le nettoiement est aussi complet que possible. L'Indien travaille en famille avec son gendre, un infirme, nommé Tevahitira, qui l'aide avec courage.

Il possède en outre une case métrique et une culture de vivres parfaitement entretenue.

Taimai demande, comme aide de la part du gouvernement, qu'on lui fournisse, à quelque titre que ce soit, les outils qui lui manquent.

N° 13. — BRANDER. Plantation assez vaste et qui est loin d'avoir acquis tout son développement, car elle s'étend, par de récents défrichements, sur le côté droit de la route. Le terrain tout en plaine à gauche, où, malgré quelques légères différences de niveau, il est partout d'excellente qualité, est plus en pente et s'élève vers la montagne, à droite. De ce côté, deux hectares ont été nouvellement défrichés et plantés en coton, il y a deux mois, pendant la sécheresse, ce qui a un peu retardé la végétation. La surface propre à la culture s'agrandissait de jour en jour par de nouveaux défrichements.

A gauche est une plantation plus ancienne, en plein rapport, où se trouvent des cultures variées, mais où domine le coton, qui en couvre cinq hectares, et qui y a été planté il y a vingt mois. Des sillons de maïs et plus de 400 cocotiers n'occupent qu'un rang secondaire dans le revenu de la propriété, sur laquelle on récolte, sèche, nettoie et égrène même le coton, grâce aux facilités offertes par de nombreux corps de logis et les larges varangues de la maison d'habitation. Le produit, au reste, est de qualité supérieure, malgré une légère modification dans le système de culture généralement suivi, modification qui consiste à laisser pousser ensemble plusieurs plants, qui se prêtent de cette façon un abri mutuel et se soutiennent l'un l'autre contre les brises qui pourraient les coucher.

La propriété, qui est en même temps un domaine d'agrément, contient six bâtiments, dont trois maisons d'habitation, parmi lesquelles une fort grande, et des servitudes, écuries, etc.

En exceptant la maison de maître, dont le prix, insignifiant à l'achat, s'est augmenté par des réparations dans une proportion que nous ne pouvons apprécier, le reste nous a paru valoir 3,500 à 4,000 francs. A cette exploitation sont attachés aussi trois mules et un certain nombre d'animaux de basse-cour.

L'homme qui est chargé de la direction des travaux est un nommé Peter (Philippe), originaire des îles du Cap-Vert, bon et actif travailleur lui-même, qui emploie six hommes, dont cinq viennent de Mangia et sont payés à l'année, à raison de 30 francs par mois, plus la nourriture. En outre, les journaliers, hommes ou femmes, sont payés à raison de 4 francs pour un sac de coton pesant 60 kilogrammes.

N° 14. — GOODING. Se trouve dans les mêmes conditions de terrain et de situation que les précédents, plus près de la mer ; cependant il ne s'occupe guère que de jardinage, sur une terre de trois-quarts d'hectare, mais planterait du coton s'il pouvait s'agrandir en entamant les fourrés de goyaviers inutiles qui l'environnent. Un nommé Mauin travaille seul sur cette culture et lui fait rapporter d'assez beaux produits : melons, légumes, etc. Il l'a louée pour deux années à son propriétaire, auquel il doit pour la location une partie du rapport.

N° 15. — CUSHING. Dans la même région et sur un excellent terrain se trouve cette propriété que nous avons trouvée déserte : de beaux cocotiers en assez grand nombre, des maiore, une tarotière, tout cela de belle venue, sont les seules cultures que nous y ayons remarquées.

N° 16. — MAIRAHI, originaire de Pitcairn. Le terrain, plus léger que du côté de Papeete, est encore de très-bonne qualité, tout en plaine et dans les meilleures conditions ; sa surface totale est de près de quatre hectares, sur lesquels un hectare et un tiers sont défrichés et soixante-quinze ares mis en culture et plantés en coton. Le défrichement et la plantation continuaient au mois d'octobre. Le coton, de premier choix, a été planté dès le début en mars, et, depuis, successivement à mesure que la terre se trouvait prête pour la culture. Il provient de graines fournies par M. Holthusen. La sécheresse inaccoutumée de cette année a nui à la production, qui n'était encore que d'une centaine de livres à notre passage ; mais le propriétaire travaille courageusement, aidé de sa mère seulement, et de meilleures circonstances pourront l'indemniser de ce qu'il a dépensé de fatigues sur ce terrain, dont la main d'œuvre est très-soignée. Mairahi emploie à cette culture le temps que lui laissent les travaux communaux ; il se plaint des inconvénients que présentent, pour une exploitation régulière, ces corvées répétées. Il est trop pauvre pour s'exonérer; il n'a même pas les outils qui lui seraient nécessaires et qui lui permettraient d'étendre son défrichement.. Il possède deux cases indiennes.

N° 17. — FARAIPANI, Tahitien, dans la même région. A défriché en juillet, planté en coton un mois après, quelques ares d'un terrain travaillé, nettoyé avec beaucoup de soin. Les graines provenaient de la Caisse agricole.

D'autres parcelles de terres plantées en coton, insignifiantes par elles-mêmes, mais qui, réunies, forment un total assez important, sont répandues sur tout cet espace, et jusque dans le village de Parc. Ces plantations sont presque toutes récentes ; quelques-unes sont en rapport, et leur nombre tend à augmenter sans cesse. Des femmes, des infirmes utilisent dans beaucoup d'endroits leur séjour à la maison, en l'entourant d'une miniature de champ de coton, généralement de qualité supérieure. Nous ne nous arrêterons pas à ces essais de culture, bien caractéristiques pourtant, mais d'un trop minime intérêt absolu.

N° 18. — HOLTHUSEN. Placé entre la route et la mer, ce terrain ne présente qu'à demi la richesse de certaines zônes intermédiaires entre la plage et les montagnes. Sur la propriété elle-même, la qualité varie, et dans une partie, un sable maigre, recouvrant ou accompagnant la limite d'un de ces épanchements de cailloux dont nous avons parlé plus haut, n'a pu se prêter à la culture qu'à force de soins et de pénibles travaux. Les herbes tombées sur place ont un peu amendé le terrain, mais lorsqu'il s'est agi de le retourner, la charrue ordinaire s'est trouvée impuissante à rompre les mailles formées dans ce sol par les racines des goyaviers. M. Holthusen ne perd pas courage et il espère qu'une nouvelle expérience donnera de meilleurs résultats.

La propriété est d'une surface de six hectares complètement défrichés et plantés en coton provenant de graines fournies par M. Brander et diverses personnes. Le produit en est de première qualité, de celles dont les variations des marchés d'Europe n'atteignent le prix que peu ou point.

Cette plantation, commencée en mai 1864, a déjà rapporté 6,000 kilogr. de coton à 1 fr. 75, et peut donner encore une bonne récolte journalière. Elle contient une maison d'habitation et nourrit un cheval.

M. Holthusen emploie deux Indiens, Tahitiens d'origine. Les travailleurs qu'il avait auparavant étaient de Mangia, mais après leur départ, il n'a pu les remplacer par des gens de la même race. Du reste, le prix du défrichement est le même que celui que nous avons trouvé partout, 10 francs le umi (2 ares), soit 500 francs l'hectare.

M. Holthusen demande que le gouvernement, soit directement, soit par le moyen de la Caisse agricole, lui facilite les moyens d'acquérir les terrains qui l'avoisinent et qui ne sont jusqu'à présent que d'inutiles fourrés de goyaviers. La propriété qu'il occupe en ce moment est à M. Caillet ; il n'en est que le locataire, et désirerait travailler sur un fonds dont il fût le propriétaire.

N° 19. — BOISSEAU. Placée en face de l'entrée de la vallée de Pirae, toujours arrosée par un cours d'eau qui, en pleine sécheresse, coulait à pleins bords, cette propriété possède en général un sol excellent. Elle se trouve sur le côté droit de la route, et est divisée en deux parties séparées par un chemin, offrant des différences de qualité assez tranchées, selon leur plus ou moins de proximité de la rivière.

Premier enclos. — Immédiatement sur le bord de l'eau, reposant sur un terrain gras et fort. Ce morceau de terre, d'un hectare et demi en totalité, en présente plus de la moitié en pleine culture, tandis que le reste se garnit de jeunes caféiers. La partie exploitée renferme : 1° cent soixante-quatorze pieds de caféiers, âgés de cinq ans, de belle venue, dans de bonnes conditions ; 2° plusieurs rangs de vanille, qui jusqu'à présent ont donné 10 kilogr. de produit ; 3° plusieurs carrés de tabac très-soignés ; 4° enfin, des cocotiers, au nombre d'une vingtaine.

Deuxième enclos. — C'est sur le deuxième enclos, le plus rapproché du flanc gauche de la vallée de Pirae, que se trouve cette fraction de la propriété Boisseau, contenant les maisons d'habitation, au nombre de deux, d'une valeur de 3,800 francs. Sa surface est de 15 hectares, plaine et montagne, sur lesquels deux hectares et plus sont plantés en cocotiers, au nombre de 700 à peu près, à 6 mètres sur 5 de distance entre les rangs. Bien que plantés il y a quatre ans, ils sont malingres ; et de plus en plus, à mesure qu'on s'approche de la montagne, ce terrain porte les traces d'une révolution géologique qui a modifié ses qualités : moins riche, plus arénacé, caillouteux même par traînées, il est cerné de toutes parts par d'épaisses couches de terreau d'une fertilité remarquable. À quelques dizaines de mètres de la rivière de Pirae, toujours coulante ; à peine au-dessus, parfois même au-dessous de son niveau, la surface du sol a été attaquée en vain pour avoir de l'eau ; un puits a été prolongé en pure perte jusqu'à 13 mètres et s'est éboulé au moment où l'on commençait à avoir de l'eau. Ici nous trouvons donc, sur la rive gauche de la rivière de Pirae, l'analogue de ce que nous avions observé sur la rive droite de celle de Fautaua.

Un seul travailleur, M. Delpierre, est chargé de l'entretien de cette plantation ; il le fait avec un soin minutieux, incessant, bien qu'un accident résultant de la nature même de ses opérations journalières l'ait presque privé de l'usage d'un bras (1).

N° 20. — CHEBRET. Sur la rive gauche de la rivière de Pirae, entre la route de Papaoa et la montagne. Là le terrain qui touche la rivière est excellent, profond, humide en toute saison. Sa surface est de deux hectares, plantés en totalité, sur lesquels quatre ares à peu près le sont en coton, nouveau encore, provenant de graines fournies par M. Labbé. Des rangs de maïs sont intercalés entre les lignes de cotonniers.

Des arbres fruitiers s'élèvent sur cette propriété, dont la culture principale est un potager d'une grande étendue, parfaitement soigné et entretenu.

La maison d'habitation peut valoir 1,500 francs.

M. Chebret travaille seul d'habitude, mais quand les occupations de sa profession l'appellent ailleurs, il prend des Indiens ; il emploie en ce moment un indigène de Raiatea.

N° 21. — LABBÉ (J.). Cette propriété, située dans la vallée de Pirae, en amont des deux précédentes, et s'étendant sur leurs flancs dans la direction de la route, offre des terrains de nature variable, mais dont la partie basse, celle qui avoisine la rivière, est d'excellente qualité. Elle doit cette richesse autant à sa composition qu'à la facilité qu'elle présente de pouvoir être arrosée, en toute saison, par un cours d'eau qui ne tarit jamais. En revanche, la pente de la montagne a une certaine hauteur, et les sommets sont arides et ne portent que des broussailles ou de rares bouquets de cocotiers.

Nous avons pu faire ici la même remarque que chez M. Chebret, au sujet des immenses lignes de pierres sèches, jadis accumulées pour servir de barrières contre les bestiaux, devenues inutiles à présent.

La propriété tout entière a une surface d'environ 65 hectares, sur lesquels 35 hectares sont le résultat d'achats successifs, depuis 1859 jusqu'en juin 1865. Trente hectares ont été acquis depuis cette dernière époque jusqu'à ce jour ; 25 hectares sur ces 65 peuvent être cultivés d'une manière avantageuse ; tout le reste se trouve dans la partie aride des montagnes qui forment la vallée de Pirae.

La portion cultivée peut se diviser ainsi :

1° Six hectares contenant 10,000 pieds de caféiers, dont 2,800 en

---

(1) Ce terrain, en bon état, bien exploité, porte la trace des travaux auxquels le libre parcours des bestiaux condamnait jadis les colons. D'épais enclos de pierres, qui ont coûté au moins cinq francs la brasse courante, ont dû primitivement être élevés autour de chaque plantation que l'on désirait mettre à l'abri des ravages des troupeaux étrangers. Ces dépenses considérables sont devenues inutiles aujourd'hui dans une partie de l'île, mais elles sont encore d'obligation, pour tous ceux qui veulent entreprendre une culture quelconque, dans les districts où règne toujours la vaine pâture.

plein rapport, plantés en juin 1862. Ils ont produit, en mars dernier, environ 100 kilogr. de café, et sont en ce moment chargés de fruits et de fleurs. Les 7,200 pieds de caféiers complémentaires n'ont été plantés qu'en février et mars 1864 ;

2° Trois hectares plantés en cotonniers Géorgie longue-soie, en novembre 1864 et mai 1865. Les semis faits en mai 1865 ont avorté ; la sécheresse inaccoutumée et prolongée de cette année n'a pas peu contribué à cet accident. La récolte porte donc tout entière sur le premier hectare et demi ensemencé, et a fourni, jusqu'à présent, 1,100 kilogr. de coton qui ont été livrés à la Caisse agricole ;

3° Deux hectares plantés en cocotiers, au nombre de 320, dont une partie date de 1860 et commence à produire ;

4° Un hectare et demi planté en taro, soit 10,000 pieds environ, utilisés en partie pour la nourriture des engagés et des journaliers de M. Labbé ;

5° Un hectare planté en manioc ;

6° Un hectare et demi cultures diverses : tabac, vanille, cannes à sucre, herbe de Guinée, sorgho, légumes, arbres à fruits indigènes et exotiques ;

7° Deux hectares défrichés et prêts à être mis en culture, qui seront plantés en coton aux premières pluies ;

8° Un hectare, enfin, comprenant une prairie, faisant partie d'un parc entouré d'une muraille en pierres sèches, renfermant trois vaches laitières et 20 porcs.

Le tout représente 18 hectares en pleine exploitation.

M. Labbé a payé le travail de main-d'œuvre à raison de 1,000 fr. par hectare pour la plantation de caféiers ; 650 fr. par hectare pour la plantation de cotonniers ; enfin, pour les taro, 1,000 fr., en moyenne, par hectare, dont le rapport annuel sur place serait de 500 francs.

A la propriété appartiennent aussi trois chevaux et une voiture servant à l'exploitation. M. Labbé possède, en outre, quelques ruches d'abeilles : ces mouches précieuses se sont parfaitement acclimatées ici. Un des membres de la Commission, à Papeete même, en a trouvé un jour un essaim nomade dans un local où se trouvaient quelques gâteaux de cire. Elle ont été introduites à Tahiti en février 1863, et donnent en ce moment d'excellent miel.

Un travailleur français et dix engagés à l'année sont employés d'une façon régulière sur cette plantation ; des journaliers en nombre variable, toutes les fois que M. Labbé peut s'en procurer (ce qui n'arrive pas toujours), sont aussi utilisés pour la mise en culture ou l'exploitation de cette propriété.

Les bâtiments sont au nombre de sept ; ils consistent en maisons d'habitation, cuisine, écurie, hangars, poulaillers, etc., etc., le tout évalué approximativement à 4,500 fr.

Jusqu'à ce jour, les dépenses totales de M. Labbé, pour créer ce domaine, s'élèvent à 37,395 francs.

Déjà possesseur d'une grande partie de la vallée de Pirae, d'une crête à l'autre, et décidé à en faire le siége d'une importante exploitation, M. Labbé avait l'intention d'acquérir le reste de cette vallée, improductif en ce moment. Il voulait, dans l'intérieur de ce bassin, donner de grandes proportions à sa plantation de caféiers et couvrir de cotonniers la partie limitée par la route impériale de ceinture; mais l'incendie du 27 janvier 1865, et les dépenses nécessaires à la réédification des bâtiments détruits par le feu, obligent M. Labbé à invoquer, pour la réalisation de son projet d'agrandissement, l'aide de l'administration. Il ne peut sans cela, en ce moment, acheter les parcelles de terre délaissées qui complèteraient sa propriété et qu'il rendrait à l'agriculture.

M. Labbé est membre de la Commission, et, comme tel, ne peut être juge dans sa propre cause. Nous ne donnerons donc ici que l'appréciation de ses deux collègues, qui s'accordent à reconnaître chez ce planteur la ferme volonté d'arriver à un résultat sérieux, l'opiniâtreté nécessaire pour mener à bonne fin son entreprise, et de profondes connaissances pratiques résultant d'une longue expérience et d'un travail sans relâche. M. Labbé achète pour cultiver et cultive de suite; et ce n'est pas seulement dans l'espoir d'être largement dédommagé de ses peines, mais aussi dans celui de voir utiliser enfin les ressources de ce beau pays, qu'il emploie tous ses soins, toute son énergie à créer ici une plantation de la nature et de l'importance de celles qui font l'ornement de nos autres colonies. L'examen seul de sa propriété, l'attention minutieuse dont chaque culture est l'objet, l'activité incessante qu'il y entretient, le plan général d'après lequel il en dirige les travaux, suffisent pour établir et confirmer éloquemment l'appréciation que nous venons d'en faire.

N° 22.— SUE. A l'entrée de la vallée de Haamuta, et sur la rivière même qui lui donne son nom. Le terrain est excellent sur presque toute la surface de la propriété et ne devient moins bon que sur le versant du coteau qui sépare cette vallée de celle de Pirae; encore là, de grands arbres, d'espèces différentes, annoncent-ils une certaine puissance de végétation.

Acquise en août 1859 au prix de 18,711 francs, elle présente une superficie totale de quatre hectares, complètement défrichés et consacrés à diverses plantations. Une portion a été transformée en prairie, sur le bord de la rivière.

À l'ombre, et dans de bonnes conditions, se trouvent des caféiers âgés de quatre ans, plantés à deux mètres de distance, et couvrant un espace de 22 ares, mais dont malheureusement un grand nombre a été détruit. Une tarotière et une collection assez variée d'arbres fruitiers se partagent le reste du terrain.

Quatre maisons d'habitation ou de servitude, plusieurs cases de style indien sont construites sur la propriété, qui nourrit sur son pâturage un troupeau de moutons mérinos composé de cinq béliers, trois brebis et deux agneaux, en fort bon état. La basse-cour renferme des porcs, des oies, dindes, etc., et des poules dites japonaises, qui commencent à se naturaliser. M. Sue, d'ailleurs, a toujours mis le plus grand soin à introduire ici, même à prix élevé, des espèces nouvelles.

M. Sue ne formule aucune demande, mais il se plaint de ses voisins, de l'un surtout, possesseur d'une enclave au milieu de sa terre, et qui, grâce à cette facilité, est l'auteur ou la cause de mille déprédations. Cette petite langue de terre inculte est aujourd'hui la propriété d'un nommé Avaeino; son ancien propriétaire se nommait Matara.

Nous avons parlé de l'excellente qualité du terrain de cette propriété, de sa surface, de sa fraîcheur due au voisinage d'une rivière qui, comme celle de Pirae, coulait abondamment en pleine saison de sécheresse. La constitution des coteaux, moins arides que dans l'autre vallée, et portant assez haut une couche de terre végétale d'une nature légère, quoique assez féconde, nous a inspiré la réflexion que nous avons eu souvent l'occasion de faire en d'autres endroits, que la vigne se trouverait là dans les meilleures conditions pour réussir, et, par les soins d'un homme spécial, intelligent et actif, qui formerait des vignerons, pourrait doter l'île d'une nouvelle et précieuse source de richesses, le vin.

N° 23. — CHAMPS. Situé dans la vallée de Haamuta, en amont de la précédente et près de la rivière, qui, à l'aide d'une prise d'eau, sert à irriguer largement le terrain en toute saison. Le sol est excellent: c'est une terre d'alluvion profondément pénétrée et engraissée de détritus végétaux, bien nettoyée, bien travaillée du reste.

La superficie de cette propriété défrichée ou mise en culture, est d'environ deux hectares, ainsi partagés :

1° En café, 40 ares à peu près, contenant 1,200 pieds nouvellement plantés ; un millier d'autres pieds, dont les survivants généralement beaux, avaient été plantés il y a cinq ans;

2° Quatre-vingt-quinze ares environ de coton (Sea-Island) assez beau, planté en octobre et novembre derniers ;

3° Vingt ares de cannes à sucre, qui ne sont pas exploitées industriellement, et que M. Champs cultive plutôt comme essai, en attendant la création de plus grandes facilités pour la mouture et la mise en œuvre de cette denrée;

4° Une tarotière de 18 ares, bien entretenue ;

5° Enfin, 25 à 30 ares en grande partie défrichés et qui vont être mis en culture incessamment.

M. Champs possède en outre sur sa propriété un grand nombre d'arbres fruitiers d'origines diverses. A côté des cocotiers et des maiore, etc., il a des avocatiers, des manguiers, des litchés, des pruniers, des mûriers, des pommes cannelles, des jambosiers, des sapotilliers, etc., etc., un camphrier enfin et un pêcher de cinq ans qui a fleuri, mais n'a pas encore donné de fruits.

La main d'œuvre est payée à raison de 2 francs 50 par jour aux deux Indiens originaires de Mangia qui sont employés d'une façon suivie sur cette plantation. Lors de notre passage, M. Champs, qui travaillait au défrichement du coteau dans sa partie inférieure, employait dix journaliers, tous de Mangia, et signalait la difficulté de se procurer des Tahitiens pour un travail suivi.

Une maison d'habitation propre et salubre, une buanderie, une cuisine avec four, ont été construites par le propriétaire lui-même, et représentent une valeur de 2,000 fr. environ. Enfin, 50 à 60 têtes de gros bétail, en ce moment à Papeari, et possédées en commun avec le sieur Bottiger, doivent entrer en ligne de compte dans la valeur d'exploitation agricole de M. Champs.

Cette propriété, fondée en 1859, est parfaitement soignée; son entretien, sa propreté, et par suite son bon état, ne laissent rien à désirer. L'irrigation y est bien distribuée, et grâce à elle, les cultures peuvent, ici, braver les sécheresses les plus prolongées.

M. Champs désirerait agrandir sa plantation par l'acquisition d'un terrain voisin, appartenant à un Indien nommé Farai. Il ne se plaint, comme d'ailleurs tous les colons établis dans cette direction, que des vols continuels de certains groupes d'indigènes établis dans le voisinage, et toujours à l'affût pour s'emparer, au moindre défaut de surveillance, des fruits ou même des animaux des Européens.

N° 24. — THUNOT. Dans la vallée de Haamuta, au-dessus du précédent, et dans une position analogue, sur la rive droite. La partie basse est un bon et riche terrain bien arrosé; le coteau, quoique recouvert d'une couche de terre végétale qui paraît de bonne qualité, souffrait un peu de la sécheresse prolongée de cette année.

La surface totale de la propriété est de 4 hectares, vallon et colline, entièrement défrichés, mis en culture et ainsi divisés :

1° Deux hectares de caféiers, 4,000 pieds à peu près, datant de trois ans et cinq ans, de belle venue, et placés dans de bonnes conditions de fraicheur et d'ombre dans la partie basse de la plantation. Sur le coteau, où le défrichement a dû être fort laborieux et n'en est pas moins complet, les caféiers ont souffert du soleil, contre lequel les cocotiers intercalés, 500 environ, sont encore trop jeunes pour les défendre;

2° Une plantation de cotonniers, sur le nouveau défrichement, a eu à subir les mêmes inconvénients d'une saison exceptionnelle;

3° Enfin un beau jardin potager, bien irrigué, bien entretenu, et orné d'une grande variété d'arbres fruitiers indigènes ou étrangers. Des goyaviers de Chine, des lucumas, des pruniers du Pérou, des pommes roses, etc., etc., et surtout des cacaoyers en assez grand nombre pour devenir la base d'une exploitation avantageuse, entourent les carrés de légumes ainsi que la maison principale, ce qui fait de cette campagne un lieu d'agrément aussi bien que de rapport. La vanille y occupe aussi quelques allées. Toute cette partie de la plantation, comme nous l'avons dit plus haut, est pleine de fraîcheur, et ruisselait de toutes parts pendant cette saison de sécheresse, grâce à une prise d'eau bien distribuée et assez considérable.

La propriété renferme deux maisons, d'une valeur de 1,000 francs à peu près, ainsi qu'un petit nombre d'animaux domestiques : des porcs, trois ânes, etc.

Le sieur Olive, qui habite Tahiti depuis huit ou neuf ans, surveille le travail de la culture sur cette plantation, dont il a constamment pris soin dès sa fondation. Tout a été exécuté par lui sur ce terrain avec l'aide d'indigènes originaires de l'archipel de Cook, dont deux seulement sont, en ce moment, employés d'une façon régulière. Un seul, depuis notre passage, a été conservé, au prix de 65 francs par mois.

M. Thunot, qui a défriché et planté entièrement le terrain qu'il possède, désirerait s'agrandir vers la partie supérieure de la rivière, où des espaces assez considérables, montagne et vallée, demeurent sans rapport et pourraient cependant être cultivés avantageusement. Il s'adresse, dans cette intention, au gouvernement, et demande son concours autant pour l'achat lui-même que pour l'établissement d'un chemin qui lui permette d'arriver jusqu'à ces nouvelles acquisitions.

La propriété actuelle, fondée en 1859-1860, a été primée, depuis la création des primes, pour la culture du caféier, qui commence seulement aujourd'hui à rapporter en proportion insignifiante. Cette longue attente ne décourage point M. Thunot, non plus que la perte de ses semis de coton et de ses jeunes caféiers ; ils ont été victimes de la sécheresse sur le coteau. Tout cela est replanté, et, les pluies aidant, réussira à établir sur ces pentes une autre verdure que celle du goyavier.

Nº 25. — CLARK (James). Dans une position analogue à celle de M. Thunot, mais sur l'autre côté du chemin, sur un terrain bien arrosé, et propre à tous les genres de cultures. C'est la partie de la vallée où s'est accumulé et vient encore s'accumuler tout ce qu'il y a de débris entraînés des hauteurs, propres à fournir de précieux engrais.

La surface totale est de six hectares environ, au moins de ce qu'il y a de défriché et de cultivé.

Cinquante à soixante ares sont consacrés à la canne à sucre, de belle qualité.

Un peu plus d'un hectare est planté en cocotiers.

Un peu plus d'un dixième d'hectare est planté en coton, dans de bonnes conditions, mais sur l'origine duquel nous n'avons pu avoir de renseignements.

Une tarotière bien irriguée, de belle venue, longe la rivière.

La propriété renferme une maison de forme indienne, assez ancienne. Deux indigènes de l'archipel de Cook sont employés d'une façon régulière sur cette plantation, où ils habitent une seconde case de peu de valeur, et entretiennent quelques animaux de basse-cour.

N° 26. — PATER. Sur la rive droite de la rivière de Fautaua, à l'ouverture de la vallée et sur la route de ceinture. Cette position est bien choisie, mais des circonstances exceptionnelles ont amené, à une époque indéterminée, une véritable avalanche de cailloux sur ce terrain qui, jusqu'à une certaine profondeur, en est presque uniquement composé. Le défrichement est complet cependant; mais outre la peine et les dépenses de ce travail dans de pareilles conditions, M. Pater a à subir un autre inconvénient: celui d'une inévitable sécheresse presque continue, sur ce sol qui ne peut empêcher l'eau de filtrer et de fuir.

La surface totale de la propriété est d'environ cinquante hectares, dont quarante en montagne : sur les dix hectares de terrain plat, il y en a six et demi complètement défrichés et plantés, dont quatre en cotonniers (Sea-Island).

Une partie de ces cotonniers, plantés à 1 mètre de distance dans un sol remué, défriché à fond, est cependant, en dépit de tous les soins, d'assez chétive apparence ; la sécheresse et surtout la nature de la terre y contribuent pour une large part. Dans la partie est, au contraire, le sol s'amende ; le voisinage de la montagne boisée y entretient une certaine humidité ; les pierres deviennent plus rares, et le coton, de belle venue, reprend ses proportions normales.

La plantation de cotonniers a été inaugurée en avril 1864, par la mise en culture de deux hectares et demi.

Le prix de revient a été de 3,503 fr. 50 c.; le rendement en coton de 3,519 kilogr., représentant une valeur de 6,158 fr. 25 c.

En mai 1865, un nouveau terrain d'un hectare et demi a reçu des graines de même espèce. Le prix de revient a été de 1,939 fr. 50 c.; le rendement a été nul et la récolte perdue.

La plantation de cocotiers date de 1857 ; une surface d'un peu plus d'un hectare porte 170 arbres nés à cette époque. Le prix de revient ne peut être apprécié d'une façon exacte; le rendement a été à peu près nul jusqu'à présent à cause de leur jeunesse.

Un second carré d'un hectare et un tiers a été planté en 1861 et contient 200 arbres de nul produit pour longtemps encore. Ces deux plantations ont été faites sur de bonnes mesures, la distance entre les pieds étant de 9 mètres sur 5.

La propriété contient une maison d'habitation, une cuisine, une écurie, d'une valeur totale de 3,000 francs. Un puits, d'une nécessité absolue à cette époque de l'année, était déjà profondément creusé dans ce sol mobile sans que l'on fût arrivé à l'eau ; on a réussi depuis. Quelques arbres fruitiers, des animaux en petit nombre complètent l'ensemble de l'exploitation.

Ce sont des indigènes de Mangia qui ont exécuté le défrichement, à raison de 10 francs par are. Une partie de la mise en culture est l'œuvre des Tahitiens, mais le propriétaire déclare qu'il ne les emploie qu'à défaut d'indigènes de l'archipel de Cook, à cause du peu de fonds à faire sur un travail régulier et suivi de leur part.

M. Pater a eu à lutter contre de grandes difficultés dans cette exploitation qui ne l'a pas toujours payé de ses peines. Il cherche aujourd'hui à étendre la surface du bon terrain qu'il possède à côté de veines si ingrates, et demande à cette fin la suppression d'un chemin qui traverse ses cotonniers, et dont l'utilité est complètement nulle. L'emplacement dont il occupe une partie a, du reste, été acquis par M. Pater à la Caisse agricole, à raison de 200 francs l'hectare. Il voudrait aussi étendre sa propriété en achetant des terres contiguës sur une longueur de 200 mètres environ, appartenant aux nommés Etaeta et Tapati, et demande pour cela le concours de l'administration.

N° 27. — PICARD frères. Dans la même direction et dans la même région que la précédente, sur la rive gauche de la rivière de Fautaua, mais sur un terrain bien plus favorable, bien plus homogène, grâce à l'absence du fond de galets que nous avons signalé dans une partie de la propriété de M. Pater. La superficie totale de la plantation est de quatre hectares et demi complètement défrichés et mis en culture, et partagés ainsi :

1° Deux hectares en coton Sea-Island, planté depuis un an environ sur un espace défriché par la méthode d'arrachement. Les goyaviers y repoussent cependant, mais ne demandent plus que peu de travail pour disparaître à jamais : le sol est assez pauvre dans cette partie ;

2° Un hectare et un tiers de cannes à sucre, plantées depuis vingt mois, de bonne qualité et bien entretenues ;

3° Un hectare planté en cocotiers, il y a environ neuf ans, à 5 mètres de distance les uns des autres, au nombre de 400 à 500 ;

4° Enfin, un jardin potager bien soigné, arrosé et entretenu occupe le reste des quatre hectares et demi et constitue un bon rapport.

Les dépenses de MM. Picard se sont élevées depuis 1857, époque à laquelle ils ont commencé l'exploitation de cette propriété, à la somme de 20,500 francs, dont :

2,000 fr.	pour l'achat du terrain,
2,750	de travaux de clôture,
750	pour le défrichement,
230	pour l'achat de plants de cannes à sucre et cocos,
600	pour l'achat des outils,
13,000	pour les journées d'ouvriers employés à la culture ou à l'entretien,
1,170	pour la coupe et le charroi de la canne.

20,500 fr.

Jusqu'à ce jour la plantation a rapporté :

Produits du jardinage..	17,200 fr.
Vente du bois à brûler provenant du défrichement............	600
Rhum provenant des cannes à sucre.........................	1,350
Récolte du coton...	805
TOTAL......................	19,955 fr.

Au sujet de ce chiffre, nous ferons remarquer que les cocotiers, morte valeur jusqu'à présent, commencent à rapporter, et que ce produit va désormais aller en croissant pendant un certain nombre d'années. Nour ferons remarquer aussi que la récolte du coton, pendant les six derniers mois, a été presque nulle à cause de la sécheresse.

Le produit brut de la canne, portée à l'usine de M. Rouge, sur la rivière, a été de 10,000 gallons de jus, quantité accusée par ce dernier. Ils auraient fourni 360 gallons de rhum sur lesquels l'usine en aurait retenu 120, à titre de prime, ce qui porte à 1/3 la retenue du propriétaire du moulin ; tous les frais de coupe et de transport restant à la charge du planteur.

Sur la propriété s'élèvent une maison d'habitation peu considérable, et deux hangars, d'une valeur totale de 500 à 600 francs. Elle est desservie par trois chevaux, employés aux charrois ; et enfin, nourrit des animaux de basse-cour, porcs, etc.

MM. Picard, qui ont créé leur plantation et d'habitude travaillent seuls, emploient cependant, dans les moments d'urgence, des Indiens journaliers, mais n'ont pas d'ouvriers permanents. En temps ordinaire, ils suffisent à l'entretien de la propriété, dont la tenue est généralement bonne. Comme la plupart des planteurs européens de cette partie de la campagne, ils se plaignent des vols et des déprédations des Indiens voisins ou passagers. Sur un terrain situé près de là, et appartenant à Etaeta, président du tribunal d'appel, vivent six à sept indigènes de Raiatea, dont la principale industrie consiste à se procurer, aux dépens des cultures voisines, des cannes à sucre, des cocos, etc., et quelquefois même des cochons.

N° 28. — CROFT (Thomas). Dans la vallée de Fautaua, sur la rive droite, à la base des grandes pentes, qui se rapprochent de plus en plus à mesure qu'on remonte la rivière à partir de cet endroit.

C'est un défrichement nouveau, couvert primitivement d'une végétation excessivement riche et touffue, ce qui semblerait indiquer un sol fécond, humide et longuement engraissé.

Un peu plus d'un hectare et demi a été défriché et mis en culture en café; mais il y a encore trop peu de temps pour qu'il ait pu donner un produit quelconque. Les frais d'exploitation ont été payés à raison de 2 fr 50 c. par journée de travail de neuf heures.

M. Croft voulait donner plus d'étendue à cette culture, mais le haut prix de la main d'œuvre et le manque d'aide pécuniaire de la part de la Caisse agricole, à laquelle il s'était adressé, l'ont mis dans la nécessité de suspendre ses travaux.

N° 29. — AGAISSE. Dans la vallée de Fautaua, en aval du précédent, et sur la rive gauche. Le terrain est dans de bonnes conditions. La proximité du cours d'eau et les grandes ombres des crêtes voisines y entretiennent une humidité qui manquent dans les parties plus larges. Il y a là, depuis la plantation de M. Croft jusqu'au point où se trouve M. Agaisse, des pentes boisées, pleines d'ombre et de fraîcheur, où les caféiers se trouveraient dans leur terrain d'élection et donneraient les résultats les plus avantageux.

Cette propriété comprend un jardin assez étendu où se trouvent diverses cultures, et un terrain d'un hectare et demi à deux hectares complètement défriché dans sa plus grande partie, et bientôt prêt à être mis en valeur (octobre 1865). Plusieurs indigènes étaient occupés à ce travail.

Deux maisons d'habitation, d'une valeur estimative de 3,000 francs, s'élèvent au milieu du jardin.

N° 30. — BORDES. Placé sur la rive gauche de la rivière dans une position analogue, sur un terrain qui paraît de bonne qualité. C'est encore une plantation nouvellement entreprise sur laquelle un hectare déjà était entièrement défriché. Le travail continuait, exécuté par deux Européens, mais aucune culture n'apparaissait encore. Une case indienne neuve était construite sur ce terrain, qui va se trouver prêt à être ensemencé à la fin de la sécheresse.

N° 31. — VINCENT. Sur la rive gauche de la rivière de Fautaua, au-dessus du précédent, dans une bonne situation, à l'endroit où la vallée s'élargit. Le terrain est en général fécond, mais, comme nous avons eu occasion de le signaler ailleurs plusieurs fois, il est traversé par une veine de cailloux roulés qui ont augmenté les frais et les difficultés des défrichements. C'est une plantation nouvelle, exploitée en cannes à sucre.

Sa surface totale est d'un peu plus de deux hectares. Le travail n'y est pas terminé et continue. Il est fait par environ dix Indiens d'origines diverses. Jusqu'à présent, bien entendu, cette propriété, dont l'exploitation paraît entreprise dans les meilleures conditions, n'a rien rapporté. Elle a coûté, depuis trois mois qu'elle a été commencée, plus de 2,000 francs, ainsi répartis :

Frais d'annonces	20 fr.	50 c.
Achat du terrain	1,325	00
Défrichement	505	00
Plantation	117	50
Achats de plants	50	00
TOTAL	2,018 fr.	00 c.

auxquels il faudra ajouter le prix du travail inachevé, et celui d'une case construite sur la plantation.

N° 32. — **JOHNSTON ET ROUGE.** Sur la rive gauche de la rivière de Fautaua, limitrophe du précédent. Cette propriété occupe une large expansion de la vallée. Le terrain offre les qualités et les défauts de toutes les parties qui forment le fond aplani de ce bassin. A côté d'un sol fécond, rempli sur une grande épaisseur de substances fertilisantes, se trouvent de longues veines de cailloux, de galets arrondis. Cependant, grâce à de longues années d'exploitation régulière, active, aidée d'une irrigation bien entendue, la grande généralité du sol est excellente, et n'a eu, depuis le mois de novembre 1857, époque de sa mise en culture, besoin d'aucun amendement. Une prise d'eau qui sert à faire tourner le moulin, et dont les dérivations traversent le champ de cannes, y a toujours, en toute saison, entretenu une précieuse humidité.

La superficie totale de cette plantation est de dix hectares, cultivés entièrement en cannes à sucre, provenant toutes, sans avoir été renouvelées, des plans primitifs, et n'ayant pas sensiblement dégénéré. Elles sont exploitées en sucre et en rhum, avec l'aide d'un certain nombre d'Indiens, ordinairement des indigènes de Mangia, quelquefois des Tahitiens. Les rendements, surtout ceux dont s'occupe spécialement M. Johnston, sont de bonne qualité, et le rhum pourrait subir, sans désavantage, la comparaison avec certains produits de la Réunion. Les moyens industriels dont dispose M. Johnston consistent en un moulin, mis en mouvement par une prise d'eau bien établie provenant de la rivière, et formant chute sur une roue à augets. La canne est broyée entre des cylindres de fonte, et le vesou évaporé et purifié dans une batterie munie de six chaudières. Au moulin est annexé une distillerie en pleine activité et bien disposée.

Cette sucrerie, fondée en 1857, au mois de novembre, a coûté à

MM. Rouge et Johnston la somme de 75,000 francs, en achats de terrains, défrichements, moulins, machines, construction de maisons, etc. ; tout cela reste, mais ce qui est en pure perte maintenant et entre cependant pour un chiffre énorme dans le total des dépenses, est cet immense enclos en pierres sèches, destiné jadis à mettre les cultures à l'abri des bestiaux errants, et payé à raison de 5 francs la brasse. C'est encore une trace des avantages que procurait aux colons sérieux la liberté de la pâture.

Depuis six ans, MM. Johnston et Rouge retirent de leur plantation une moyenne de 20 tonneaux de sucre et de 2,000 gallons de rhum :

20 tonneaux de sucre à 70 centimes le kilogr., donnent.	14,000 fr.
2,000 gallons de rhum à 5 francs....................	10,000
Soit.................	24,000 fr.

par an, 144,000 pour six ans, sur lesquels il faut défalquer les frais courants d'entretien, de culture, de fabrication, etc.

Le haut prix de la main-d'œuvre est encore un obstacle à ce que de pareilles exploitations, dirigées cependant avec intelligence et activité, donnent à ceux qui les entreprennent des bénéfices rapides.

Les indigènes de Mangia sont rares et coûtent cher, les Tahitiens paresseux et irréguliers, surtout dans les environs de Papeete ; encore manquent-ils parfois. Enfin, l'industrie du sucre, à son début dans le pays, sur une grande échelle s'entend, ne pourra lutter de quelque temps avec les grands établissements sucriers, largement outillés, disposant d'un personnel nombreux et bien dressé, qui envoient leurs produits de la côte d'Amérique à Tahiti. M. Johnston en faisait la remarque, et elle est vraie. En attendant il s'attache à soigner la qualité, et réussit aussi bien pour le sucre que pour le rhum. L'emploi de ce dernier, dans bien des circonstances, serait plus avantageux et surtout plus hygiénique que celui de certaines eaux-de-vie de provenance hypothétique.

La propriété comprend, outre le moulin et un magasin où se trouvaient cinq à six tonneaux de sucre, tant à M. Johnston qu'à M. Rouge, tout prêts ou encore sur l'égouttoir, une distillerie contenant une grande quantité de jus en pleine fermentation, destiné à la préparation du rhum, et deux maisons d'habitation ; ce qui constitue dans ce pli de vallée un centre industriel assez considérable.

M. Johnston paraît posséder à fond la pratique de la fabrication du sucre, aussi bien que la culture de la canne ; il emploie ses connaissances et son énergie non-seulement à en retirer le produit, mais, ainsi que nous l'avons dit plus haut, à le perfectionner. Sa plantation est bien aménagée et bien tenue ; quoique parfois, comme à tous les planteurs, il lui arrive de manquer de bras. Il ne formule qu'une plainte, qui a trait aux vols incessants des Indiens, qui moissonnent ses cannes à leur profit; et qu'un désir, celui de trouver un débouché à ses produits, ce à quoi le gouvernement pourrait peut-être l'aider.

N° 33. — RIRO, indigène de Raiatea. En descendant la vallée de Fautaua, vers la route de ceinture, dans une bonne situation auprès de la rivière. Le sol, nouvellement défriché, paraît de bonne qualité. Un hectare à peu près a déjà produit en coton longue-soie, provenant de graines fournies par la Caisse agricole, la valeur de deux sacs de 30 kilogrammes.

Ce terrain, récemment acheté par cet Indien, n'était pas encore complètement débarrassé de ses broussailles. Il y travaillait activement, et manifestait l'intention de tout semer en coton, comme la partie déjà cultivée qui l'avait si rapidement dédommagé de ses peines.

Il ne possède sur son champ qu'une case indigène.

N° 34. — GUILLASSE. Placé dans les mêmes conditions de terrain et de situation, mais sur une plus vaste échelle que le précédent. Le sol y paraît bon, et de nature à être planté avantageusement en coton et en cannes.

La surface totale de la propriété, plaine et montagne, s'étendant sur les deux flancs de la vallée jusqu'aux crêtes, et traversée par la rivière de Fautaua, est un peu plus de neuf hectares, dont six et demi environ sont défrichés et plantés en coton et cannes à sucre. C'est une plantation nouvelle qui date d'un an à peu près, et sur laquelle un hectare environ avait déjà produit du coton lors de notre passage. Le travail, favorisé maintenant par la fin de la sécheresse, reprend sur le terrain destiné aux cannes à sucre.

M. Guillasse fait exploiter cette terre par le nommé Riro, indigène de Raiatea, limitrophe, qui lui doit la moitié de la récolte. Le défrichement a été fait à la tâche, le bois réservé. Les deux premiers hectares et demi ont coûté 500 francs ; le reste du défrichement est revenu au même prix. Ce travail, du reste, était bien exécuté et aussi complet que possible. C'est l'indigène Riro qui a commencé comme fermier la mise en culture de la terre ainsi préparée. Cet homme paraît travailleur et intelligent.

Une case servant à l'exploitation est construite sur la propriété et n'a qu'une valeur insignifiante.

N° 35. — TAUMIHAU, Tahitien. Toujours à l'ouverture sur la route de la vallée de Fautaua, doit au voisinage de la rivière, bien diminuée cependant à cette époque, une certaine humidité relative qui lui permet de travailler d'une façon avantageuse. Un hectare et demi de nouvelle plantation, coton et maïs, offre une bonne apparence ; l'entretien est satisfaisant, la terre soignée. Ce sont encore des indigènes de Raiatea, voisins du propriétaire foncier, qui cultivent, plantent ou défrichent, et continuent l'exploitation, dont nous avons vu les premiers essais, à condition de lui donner la moitié de la récolte. Ce système d'ailleurs est bon, et, s'il était suivi partout, soustrairait aux goyaviers de vastes territoires dont les propriétaires, appelés par leurs affaires à Papeete, ne peuvent pas, naturellement, surveiller eux-mêmes l'exploitation. Le système des fermages concilierait tous les intérêts, et les fermiers ne manqueraient pas s'ils trouvaient chez tous les possesseurs de terres en friche la même bonne volonté et les mêmes conditions que chez les deux propriétaires que nous venons de citer.

N° 36. — TIHANIU, Tahitien. Dans les mêmes conditions de situation et de qualité de terrain. La partie défrichée et mise en culture en ce moment forme un hectare et demi, bien nettoyé, bien entretenu, planté en coton et maïs, mais trop récemment pour avoir déjà produit.

Cet homme appartient à la catégorie peu nombreuse des Tahitiens travailleurs, dans un certain rayon autour de Papeete ; il a avec lui un indigène de Penrhyn ; la plantation est le fruit de leur travail commun.

N° 37. — SALLES. Nous avons quitté la vallée proprement dite de Fautaua, et nous sommes à la limite de son expansion la plus large, du côté de Papeete. Le terrain est bon et beau encore, mais n'a pas la richesse, la puissance végétative des couches qui, à partir des dernières pentes, de ce côté, s'étendent jusqu'à la mer. Il est aussi plus sec, ce qui provient, il est vrai, de la saison exceptionnelle que nous venons de traverser.

La superficie totale est de 3 hectares 1/4, tout en cannes, au milieu desquelles s'élèvent 200 pieds de cocotiers. Le défrichement a été commencé il y a trois ans, et la plantation date d'un peu plus de deux ans. Elle est revenue à M. Salles, le travail achevé, à 1,100 fr. l'hectare, et a fourni jusqu'à présent deux coupes, dont la seconde n'était pas achevée lors de notre passage (18 septembre).

La première coupe, qui avait porté sur deux hectares environ, avait produit 200 gallons de rhum et 1,500 kilogr. de sucre. Depuis l'année dernière, la plantation a été agrandie de plus d'un hectare ; la production subira donc une augmentation proportionnelle, toutes circonstances égales.

Les frais d'exploitation sont assez considérables. Un seul homme suffit d'habitude à l'entretien de la propriété ; mais, en ce moment, huit à neuf sont employés à la coupe, à raison de 2 fr. 50 c. par jour. La moyenne de ce qu'ils débitent est de 600 à 700 cannes dans leur journée, ce qui porte de 4 fr. 50 à 4 fr. 70 le millier de cannes coupées et prêtes à être portées au moulin. Là ne s'arrêtent pas les frais ; le charroi des cannes, la main d'œuvre, le bois nécessaire à la manipulation du sucre ou du rhum restent, comme la coupe, à la charge du propriétaire : l'usine prélève, comme prime, le tiers du produit brut. L'augmentation du nombre des moulins fera sans doute baisser, au moins dans les environs de Papeete, le taux de la mise en œuvre de la canne, taux qui se répercute fatalement sur le prix du sucre et du rhum sur la place, et empêche les producteurs d'entrer en concurrence avec les importateurs.

Cette plantation nous a paru soignée et bien dirigée ; sa disposition est bien entendue. Les touffes de cannes, d'espèces diverses, mais toutes avantageuses, Tahiti en majorité, Java rubanées, sont plantées à 2 mètres entre sillons, les cocotiers à 8 mètres ; distances que nous regardons comme parfaitement rationnelles.

Enfin, sur le terrain s'élève une maison d'exploitation, servant de boucherie, d'une valeur indéterminée.

N° 38. — LANDES. Cette propriété, sous le nom général de Fareopu, occupe, à droite de la route qui conduit à Papaoa, la base et une minime partie des pentes inférieures du massif de collines qui s'étend entre l'ouverture de la vallée de Fautaua et la vallée où se trouve l'établissement de la Mission. Le terrain y est excellent, comme dans toute cette zône, riche en matières assimilables par la végétation.

La surface totale est de 2 hectares 3/4 complètement défrichés et mis en culture, entretenus du reste avec beaucoup de soin. Sur ces deux hectares trois-quarts nous avons :

1° Un hectare coton, première qualité, dont une partie seulement a déjà produit et donné une récolte achetée 900 francs par la Caisse agricole : elle n'a porté que sur 32 ares, ensemencés les premiers ;

2° Trente-cinq ares d'herbe de Guinée, bonne denrée qui constitue, en certaine saison, pour les bestiaux, une précieuse ressource, trop peu répandue encore, à notre avis, et à la croissance de laquelle se prêteraient de vastes terrains, négligés comme impropres aux cultures industrielles ;

3° Un hectare quarante ares de cannes à sucre plantées il y a quatre ans, et qui ont déjà rapporté 1,500 francs, y compris la nourriture de deux chevaux.

4° Enfin, vingt ares en prairie.

Un certain nombre d'arbres fruitiers, de diverses espèces, au nombre de 80 ; 40 maiore et autant de cocotiers doivent être comptés parmi les ressources agricoles de cette plantation, qui nourrit, en fait d'animaux, une jument et trois moutons, et sur laquelle s'élèvent deux maisons d'habitation ou d'exploitation.

N° 39. — ÉTABLISSEMENT DE LA MISSION. Limitrophe de la plantation dont nous venons de parler, et s'étendant au sud-est de Papeete, dans des conditions topographiques toutes particulières. Cinq vallées plus ou moins profondément encaissées, plus ou moins prolongées vers la crête centrale de l'île, viennent se confondre en une seule à l'endroit où s'élèvent les bâtiments de la propriété, s'évasant largement et laissant entre les coteaux qui les séparent des bassins aplanis d'une grande richesse de sol, et parfois d'une grande étendue. Une pareille disposition rend ce territoire propre à toutes les cultures, surtout lorsque le ruisseau, aujourd'hui tari, qui le traverse, y amène les eaux de la montagne et le sature d'humidité pour de longues périodes de sécheresse. Plus régulière encore sera cette ressource précieuse de l'irrigation lorsqu'une prise d'eau, pratiquée au fond de l'une des vallées, à un point où la masse liquide n'a encore subi ni l'évaporation ni l'absorption d'un sol spongieux, conduira jusqu'au centre des cultures, fraîches et intactes, ses nappes fertilisantes. C'est un projet de Mgr d'Axiéri, dont les résultats seront avantageux non-seulement pour la Mission, mais encore pour toute cette partie de la ville de Papeete, privée d'eau potable, dans cette direction, jusqu'à Fare-Ute.

Un terrain ainsi constitué doit présenter nécessairement de nombreuses variations dans la qualité du fonds ; en effet, sans parler de l'intérieur où il revêt le caractère général des vallées tahitiennes, le confluent des bassins secondaires l'offre sous plusieurs aspects. Riche, fort à la partie inférieure des pentes, et même sur celle de la partie est, il est plus pauvre sur les ressauts du sol qui séparent les ravins de la partie ouest, et devient enfin, comme au flanc de la colline du sémaphore, cette argile rouge, presque stérile, où cependant, nous a fait remarquer Mgr d'Axiéri, le bananier de Rio pousse avec une merveilleuse vigueur. Somme toute, le terrain est bon, et les seules traînées de pierres que l'on y rencontre proviennent de maraë et n'entrent pour rien dans sa constitution.

La superficie totale de la propriété est encore indéterminée. La partie défrichée s'accroît tous les jours, et la partie cultivée dépasse six hectares, et de beaucoup, si nous faisons entrer en ligne de compte les parcs, le jardin, le champ d'herbe de Guinée, etc., etc.

1° Les caféiers, entretenus avec le plus grand soin, et déjà primés en 1862, couvrent une surface d'un hectare. La Mission a pris à cœur cette culture, et ne néglige rien, essais ou renseignements, qui puisse l'aider à la faire progresser. Quelques pieds sont remarquables, surtout dans les parties ombragées ; presque tous sont d'une belle venue, tous sont l'objet d'un soin attentif, et les plants détruits par un accident quelconque sont aussitôt scrupuleusement remplacés. La méthode qui paraît la plus avantageuse pour cette opération est celle des semis. En dehors de la plantation principale s'étendent aussi de longues lignes de jeunes caféiers, cachés encore sous les feuilles qui les protégent. Mgr d'Axiéri pense, et cela est vrai pour certaines espèces, que cet arbuste peut braver impunément le grand soleil, à la condition d'avoir la partie inférieure de la tige abritée par ses propres feuilles. Il fait sur le caféier de Tahiti l'expérience analogue et espère réussir.

2° Un hectare et demi est consacré à une plantation de cocotiers d'âges divers, au nombre de 1,158 qui n'ont encore été d'aucun rapport.

3° Le coton recouvre, sur les diverses parties de la propriété, un assez grand nombre de carrés de surface variable, tantôt constituant uniquement l'espèce de la culture, tantôt associé au maïs qui prend en certains endroits des proportions remarquables. La somme de la superficie de ces parcelles, en comptant celles que l'on ensemence ou prépare en ce moment, dépasse un hectare et demi. Le coton, planté à différentes époques, y offre toutes les périodes de son évolution, depuis la graine qui germe jusqu'à la capsule qui a déjà fourni une certaine quantité de produit. L'espèce dominante est le longue-soie, ponpon vert très-beau, très-soyeux, dont un Chinois, travaillant sur un terrain affermé, a déjà recueilli une petite quantité. Il s'y trouve aussi des espèces mêlées, toutes bonnes d'ailleurs, telles que celles d'Egypte et de Syrie, mais en proportion minime. En ce moment, le défrichement, la préparation de la terre et les semis de cette plante sont poussés avec activité sur tous les terrains affermés qui se trouvent sur la propriété.

4° Le manioc recouvre deux hectares; il est d'une belle venue, et destiné à la nourriture des indigènes. Ce végétal pourrait, entre des mains expérimentées, devenir une précieuse ressource, non-seulement pour la consommation de la place, mais encore pour l'exportation à l'état de farine ou de tapioca. En attendant que l'on puisse disposer des moyens industriels capables d'en retirer tout ce qu'il peut produire, il rend des services qui ne sont pas à dédaigner. Le goyavier disparaît, radicalement étouffé, des terrains que recouvre le manioc, et laisse ainsi, plus tard, le sol libre pour d'autres cultures. Comme nourriture, il est d'une préparation rendue bien facile par un procédé employé à Mangareva, et que nous a communiqué le chef de la Mission : il consiste à laisser macérer huit à dix jours les tubercules dans l'eau tranquille, puis cinq à six dans l'eau courante; l'épiderme, le paquet de fibres centrales, se séparent parfaitement par la malaxation, et la pulpe, lavée, purifiée, peut immédiatement être utilisée. Ces renseignements sont bons à noter dans un pays où la moindre difficulté dans la mise à profit d'une denrée, même de première nécessité, suffirait pour rebuter les indigènes.

5° Un certain nombre de champs de tabac, cultivés à ferme, accompagnent en différents endroits les cultures dont nous venons de parler ou des cultures plus spécialement tahitiennes, ignames, patates, etc. Le tabac est de bonne qualité et bien soigné.

A toutes ces plantations nous devons ajouter, enfin, un champ d'herbe de Guinée destinée à la nourriture des animaux, un champ de cannes, une belle prairie bien enclose, dans laquelle errent en liberté un taureau, trois vaches, un veau, et un parc à cochons assez étendu.

Un jardin renfermant une collection nombreuse et variée d'arbres fruitiers, des malpighies ou pruniers du Pérou, des papayes, un olivier, des barbadines, des sherrymoria, des arbres de Chine, une belle vigne qui donne sa troisième récolte de l'année, etc., etc., complète l'ensemble de cette propriété.

Un grand nombre de bâtiments d'habitation ou d'exploitation y ont été élevés. Outre le principal corps de logis, les logements des travailleurs et les cases des gens qui cultivent à ferme, sur différents points, il y a encore deux maisons, des hangars, des ateliers, une scierie circulaire munie d'un manége, une forge, une menuiserie, une pompe, etc., etc., tout cela construit ou disposé avec entente, entretenu avec le plus grand soin, mais dans des conditions toutes spéciales qui empêchent d'en apprécier la valeur au prix de la place.

Outre les animaux dont nous avons parlé, il y a aussi sur la propriété une mule, une jument, quatre chevaux ; des oiseaux divers, des tourterelles, des abeilles enfin, dont les ruches, sur lesquelles elles sont en pleine activité, ont été disposées dans des conditions remarquables de bien-être pour les mouches, de propreté et d'élégance.

Le matériel roulant se compose de cinq charrettes.

Outre des travailleurs et des serviteurs qui, à différents titres, vivent sur cette propriété, dix hommes d'origines diverses mettent en culture les différentes parties de la plantation qu'ils ont prises à ferme. Il y a des naturels des îles Sandwich, un Chinois, un nègre, etc., etc. Ces trois nationalités sont de beaucoup ce qu'il y a de meilleur comme travail et activité. Les conditions auxquelles ils ont obtenu un terrain à cultiver sont infiniment plus avantageuses que ce que nous avons observé jusqu'ici dans les transactions analogues entre fermiers et propriétaires. Outre la dépouille du terrain défriché, qui constitue, en bois de chauffage, une certaine somme destinée à couvrir les premiers frais, le colon s'approprie les quatre cinquièmes de la récolte de la première année et les deux tiers pendant les années suivantes. Aussi culture et défrichement sont-ils poussés activement par les intéressés.

Les caféiers, qui, ainsi que nous l'avons dit plus haut, ont été en 1862 l'objet d'une distinction particulière, et qui sont encore maintenant surveillés et entretenus avec le plus grand soin, avaient été primés à raison de 50 centimes par pied pour les 2,400 plantés alors. Nous avons pu constater par nous-mêmes que cette plantation n'a pas périclité, et, à ce sujet, Mgr d'Axiéri nous a fait remarquer que, sur la prime accordée en 1862, les trois premières annuités seules avaient été payées. C'est, au reste, la seule observation qu'il ait eu à adresser à la Commission en ce qui concerne la propriété dont il dirige les intérêts.

Ce terrain, qui a coûté primitivement la somme de 20,000 francs, et dont la valeur s'est considérablement accrue, constitue aujourd'hui l'une des belles exploitations des environs de Papeete. Nous devons avouer, d'un autre côté, qu'il serait difficile, pour ne pas dire impossible, à des efforts individuels, quelle que fût leur énergie, d'accomplir une œuvre analogue à ce que peut ainsi réaliser l'esprit d'association, affranchi des besoins de la famille, des intérêts personnels et des inquiétudes sur l'avenir.

N° 40. — ROUFFIO. Dans un pli de la colline qui porte le sémaphore, sur un terrain bon dans sa partie inférieure, mais s'appauvrissant sur les pentes, pour devenir enfin tout à fait stérile dans le voisinage des crêtes. Il manque d'eau en temps ordinaire, mais le sol conserve assez d'humidité pour faire pousser avec vigueur un assez grand nombre de cocotiers, de cinq à six ans, et un demi-hectare environ de cannes à sucre. Deux maisons d'habitation, une écurie sont les constructions élevées sur la propriété, et peuvent être estimées à environ 4,000 francs. Une autre construction servant de décharge accompagne les deux maisons.

N° 41. — THOMAS. Dans une petite vallée latérale, sur un des côtés de celle de Sainte-Amélie, dans une situation favorable, et sur un terrain fécond, bien qu'il manque d'eau courante en temps ordinaire. La surface du défrichement est de deux hectares, plantés en coton, maïs, etc., etc., et des vivres d'espèces diverses. Commencée en octobre 1864, cette petite propriété a coûté 2,000 francs ; plus, pour sa mise en culture et l'entretien, 1,200 francs ; soit 3,200 francs.

Elle a rapporté jusqu'à présent :

Coton livré à la Caisse agricole	196 francs.
Coton à livrer (100 kilogr.)	175
Maïs	400
Patates douces	200
Pommes de terre d'Europe	100
Bois à brûler (du défrichement)	100
Herbe de Guinée et sorgho	300

Soit, pour le TOTAL.................. 1,471 francs.

L'entretien général est bon ; un chemin, fait par M. Thomas lui-même, établit une communication commode avec la vallée de Sainte-Amélie. Le chiffre du revenu, d'ailleurs, est une preuve éloquente des soins qu'a donnés son propriétaire à cette petite plantation.

N° 42.— D'assez vastes terrains, situés dans la partie moyenne de la vallée de Sainte-Amélie, ont été, depuis quelques mois, débarrassés des fourrés de goyaviers qui les couvraient, et constituent maintenant un champ d'une grande étendue, bien défriché, presque entièrement planté en maïs et en herbe de Guinée.

Nouvellement semé, le maïs n'a encore rien rapporté, mais l'herbe de Guinée commence à devenir, pour les chevaux des transports, une ressource avantageuse.

Cette propriété, achetée par **M.** Chauvé, capitaine d'artillerie, à divers possesseurs, au commencement de 1865, comprend environ, d'une crête à l'autre, dix hectares, sur lesquels plus de trois sont défrichés et plantés. Le défrichement, commencé en mai et immédiatement suivi de la mise en culture, se poursuit activement.

Quel que soit l'usage futur de ces terrains destinés aux exercices du tir, quel que soit l'emploi des denrées spéciales qu'y a établies **M.** Chauvé, quel que doive être enfin leur propriétaire définitif, nous n'en avons pas moins à signaler ces travaux, qui ont conquis à l'agriculture, soustrait aux broussailles près de quatre hectares du sol, préparé la terre à recevoir tous les genres de plantations, et dont les produits ont déjà pu être utilisés par l'un des services de la colonie.

ROUTE DE FAAA,

La constitution du sol, sa disposition, sa qualité sont bien différentes de ce que nous avons trouvé dans l'Est, à mesure qu'on s'éloigne de Papeete dans la direction de Faaa. Les montagnes se rapprochent de plus en plus de la mer, pour aller enfin y baigner leur base même à la pointe de Faaa, et dans cet espace de terrain ne s'ouvrent qu'en un petit nombre d'endroits pour former des vallées cultivables. La vaste zône littorale, si riche, si féconde, que nous avons signalée sur la route d'Haapape, manque ici, ou n'est représentée qu'au sortir de la ville, dans la ville même, par des terres basses, telles que celles occupées par **M.** Charbonnier, le jardin de la troupe, celui de l'artillerie, etc., etc., dont les cultures ne rentrent pas dans le cadre de notre rapport.

L'eau fait aussi défaut, entre le pont de l'Uranie et Faaa ; la vallée de la Reine, qui en est si abondamment pourvue à sa partie supérieure, en manque vers son ouverture ; il en est de même des petites vallées perpendiculaires à la route, qui en présentent des flaques ou même des sources d'une importance minime, et surtout d'une existence précaire. Il semble qu'entre les hauteurs et la mer il y ait là une ceinture de terrain spongieux, qui absorbe les cours d'eau à la descente, pour les laisser sourdre en minces filets ou s'étaler en mares sur le bord extrême de la plage ou même dans la mer.

Le sol laisse aussi à désirer sous le rapport de la qualité ; la plupart des crêtes, composées d'argile ferrugineuse, de sable rouge, lavées, ravinées par les pluies, effritées par le soleil, sont complètement arides ; les vallons et la grande vallée de la Reine, malgré ses traînées de pierres, se sont un peu enrichis de la dépouille des hauteurs, et offrent de bons terrains à une culture régulière. Ailleurs même, comme sur le territoire de Faaa, dans le village, par exemple, de véritables promontoires, se rattachant aux montagnes de l'intérieur, ont poussé des veines d'un sol fertile, d'une nature toute différente, au milieu des barres d'argile rouge. Ils présentent alors tous les avantages des bons terrains.

N° 43. — SENTENAC. Au fond de la vallée de la Reine, dans une partie où elle est encore abondamment arrosée, à peu de distance de la première cascade. Cette propriété, jadis assez soignée, est abandonnée à peu près aujourd'hui, par suite de circonstances toutes particulières. Sa surface totale, plaine et montagne, est d'environ 70 hectares, sur lesquels sept sont défrichés et plantés.

Elle contient :

1° Un grand nombre de cocotiers de trois ans, couvrant une partie du terrain et poussant vigoureusement ;

2° Un demi-hectare de vanille, forcément négligée depuis un an ;

3° Un demi-hectare de maïs ;

4° Enfin, trois hectares de caféiers de trois ans, qui ont trouvé là d'excellentes conditions de succès, car il s'en rencontre dans le nombre qui ont produit, cette année, une certaine quantité de graines. Il est fâcheux que le propriétaire actuel de cette culture se trouve hors d'état, par son âge et la place qu'il occupe en ville, d'entretenir ce qui avait été si bien commencé, et soit forcé de laisser ainsi, non-seulement sans perfectionnement, mais encore en pleine décadence, un terrain d'une valeur réelle.

N° 44. — MORRIS ET DELANO. Cultivent ensemble, dans la vallée de la Reine, un terrain assez vaste, dont la qualité est bonne, mais qui présente quelques longues et profondes traînées de cailloux, surtout aux environs du lit tari de la rivière de la Reine. La surface est de sept hectares, qu'ils ont commencé à défricher en avril, à planter en juin, mais dont la mise en culture n'est pas encore terminée. Tout ce terrain est en plaine et portera du coton. Il n'a encore, bien entendu, rien produit.

Sur l'autre côté de la route, M. Morris possède plus spécialement cinq hectares, plaine et versants, qu'il a plantés, la première partie en ignames, la seconde en cocotiers, au nombre de 1,500 environ, il y a quelques mois à peine.

Les constructions sont au nombre de deux : une habitation européenne et une case indienne, que l'on peut estimer en bloc 400 francs.

Ce terrain, qui a été acheté par l'entremise de la Caisse agricole, a été défriché par des travailleurs des Tuamotu et quelques Tahitiens, aux conditions ordinaires.

MM. Morris et Delano formulent une demande, dont l'accomplissement rendrait de bien grands services aux cultures de cette vallée : c'est qu'on obvie, par des travaux appropriés, à la disparition en effet complète des eaux de la rivière, qui, un peu au-dessous de la propriété de M. Sentenac, est absorbée peu à peu par le terrain et finit par s'évanouir tout-à-fait entre les galets. Qu'il soit possible ou non de le combattre, cet inconvénient est sérieux. Il est dommage en effet que ce beau bassin demeure privé d'eau dans la partie la plus heureusement située et disposée pour tous les genres de cultures, tandis que la partie ingrate, inabordable, du ravin, roule à pleins bords le précieux liquide.

N° 45. — MOSES. Dans la vallée de la Reine, sur un terrain de bonne qualité, qui possède en outre une source assez abondante par moments. C'est encore une plantation nouvelle, consacrée au coton et aux cocotiers. La surface totale n'est pas déterminée. Un demi-hectare à peu près est mis en culture, et sur cet espace quelques ares seulement sont plantés en ce moment en coton, provenant de graines fournies par M. Brander.

Cette petite plantation, bien soignée et bien entretenue, a déjà fourni un peu de coton longue-soie. Elle contient deux cases tahitiennes, et est exploitée par un Tahitien et un indigène de Mangia.

N° 46. — SILVA, Portugais, ET MANOEL, Espagnol. Dans la vallée de la Reine, dans une bonne position, à la base des hauteurs du côté gauche, sur un bon terrain exempt de roches, fécondé et rafraîchi par une source qui donne naissance à un ruisseau.

La surface totale est d'environ sept hectares, plaine et versants, mais quelques ares seulement sont plantés en coton. Il est vrai que le défrichement et la culture avancent sans interruption.

Ces colons, qui travaillent seuls, n'avaient commencé que depuis trois mois (lors de notre passage). Ils veulent étendre leur culture de coton dans la plaine, et planter des caféiers sur les pentes ; mais ils ont employé toutes leurs avances à commencer leur exploitation, et réclament l'aide de la Caisse agricole pour continuer un travail qu'ils paraissent d'ailleurs avoir entrepris d'une façon sérieuse.

Ils veulent aussi cultiver un peu de tabac.

Une case de peu de valeur a été bâtie sur le terrain.

N° 47. — LOUIS (Jean). Nous n'avons pu avoir de renseignements exacts sur la surface de cette propriété, située aussi dans la vallée de la Reine. Le terrain en plaine, de deux hectares environ, nous a paru bon, défriché et planté avec soin, mais abandonné pour le moment. Il est partagé entre un champ de coton en rapport et un champ de cannes assez belles. Des cocotiers encore jeunes, en assez grand nombre, complètent, avec des bouquets de bananiers, cette plantation, sur laquelle s'élève une case. Personne n'y était employé à cette époque.

N° 48. — PURU, Tahitien. Dans des conditions de terrain et de position analogues à celles du précédent. Il possède une petite propriété de cinq ares environ, cultivée à l'européenne, sur laquelle il a planté du coton dont les graines lui ont été données par la Caisse agricole, et 39 jeunes cocotiers. Cet homme paraît intelligent et laborieux, et nous pensons qu'il serait bon d'encourager chez les indigènes cette tendance que manifestent quelques-uns à perfectionner leurs cultures dans le sens européen.

N° 49. — FIOLET. Placé dans une des meilleures parties de la vallée, sur un sol excellent, dont la surface en plaine est assez considérable.

La superficie totale est indéterminée ; celle des cultures est de plus de deux hectares, plantés entièrement en cannes à sucre, de belle venue, destinées à la nourriture du bétail et des chevaux.

Un grand nombre de cocotiers, d'âges divers, entourent ou prolongent la propriété du côté de la montagne. L'entretien général est bon. Une maison d'habitation à l'européenne s'élève sur cette plantation.

N° 50. — CAPE (Antony). Dans la vallée de la Reine, en se rapprochant de son ouverture. Le terrain, plaine et montagne, est bon, riche en humus, du moins dans la première partie. La surface totale est de 1 hectare 78 ares, dont environ 60 à 70 ares en montagnes, impropres à une culture industrielle. Le reste, un peu plus d'un hectare, est défriché et cultivé avec soin.

Un tiers d'hectare est consacré à la culture du coton longue-soie (Sea-Island), provenant de graines fournies par M. Moses et la Caisse agricole. Semées au mois de juin et de juillet, ces graines ont eu à souffrir de la sécheresse, et la récolte a été presque entièrement perdue, sauf une quantité insignifiante.

Les dépenses avaient été, pour la préparation du terrain, de 238 fr. 50 c., payés à deux hommes à raison de 40 francs par mois chacun, plus leurs vivres. Les fermiers, Tetiva et sa femme, de Raiatea, ont l'intention d'étendre cette culture sur un plus grand espace dès que la saison sera favorable.

Le maïs et la canne à sucre se partagent le reste du terrain, avec des arbres fruitiers, manguiers, maiore, etc., et un petit carré de manioc.

Trente-cinq cocotiers en pleine production, et donnant une moyenne de 3,000 cocos par an, représentent un revenu de 150 fr. D'autres cocotiers, au nombre de 100, avaient été plantés du côté de la montagne, il y a trois ans. Ils ont tous été, sauf 25, volés par des Indiens ou détruits par des animaux errants.

Cette propriété, du nom de Paevai Tipaerui, a été confiée, il y a trois ans, à Tetiva, indigène de Raiatea, qui s'y est établi avec sa femme, et a commencé à mettre le terrain en l'état où il se trouve aujourd'hui. Tous les bénéfices, comme toutes les charges de l'exploitation, lui étaient réservés. Ils ont tiré de ce petit terrain tout le parti possible ; l'entretien est bon, les soins constants, et, grâce à eux, le minime échantillon de coton qu'ils ont obtenu de leur récolte perdue était d'une qualité remarquable.

La seule réclamation qu'ils aient à formuler concerne les inconvénients du voisinage du parc de M. Georget, dont les clôtures, trop faibles, sont souvent rompues par les bestiaux, qui piétinent alors à leur aise les cultures voisines.

M. Cape fait remarquer la grande difficulté qu'il y a à trouver des travailleurs : il a dû payer 20 francs par 180 mètres carrés le défrichement et la préparation du sol ; 60 francs par mois ses journaliers, et encore ne pouvait-il compter sur un travail régulier.

En ce moment, un seul travailleur, de Mangia, est employé sur cette culture par les fermiers.

N° 51. — THIÉBAUT. Dans la vallée de la Reine ; le terrain est de bonne qualité, et en plein défrichement à l'époque de notre passage. Sa surface, encore indéterminée, paraît assez considérable en plaine. Il doit y planter du coton.

N° 52. — GEORGET. Occupe, à l'entrée de la vallée de la Reine, et sur une de ses pentes, un terrain sur la surface duquel nous n'avons pu avoir de données certaines, mais que l'on peut diviser en trois zônes parfaitement distinctes :

1° *Cultures.* — Elles occupent, en plaine et montagne, la rive gauche de la partie inférieure de la vallée de la Reine. Tout ce que nous avons pu y constater est une certaine quantité de cannes à sucre, destinées à la nourriture du bétail, et, le long des pentes, une grande quantité de cocotiers nouvellement plantés, ainsi que le commencement d'une plantation de caféiers ; le tout, d'ailleurs, paraissait bien soigné et bien entretenu.

Nous n'avons pu savoir combien de travailleurs étaient employés sur ce terrain, qui contient une case pour un homme de peine.

2° *Potager.* — Tout en plaine, et dans les meilleures conditions.

Ce jardin, d'une surface d'un quart d'hectare, est parfaitement cultivé et arrosé. Le sol est riche et profond. Les légumes divers y sont de belle venue, et servent à l'approvisionnement personnel de M. Georget.

Un Européen est employé sur cette culture.

3° Enfin, le *Parc à bestiaux*, qui se trouve tout à fait sur la route de Faaa, et qui constitue une étendue assez considérable de terrain soustrait aux goyaviers et appliqué à une exploitation européenne.

Depuis cet endroit jusqu'à Faaa, l'on ne rencontre plus sur la route que les cocotiers de la Reine, et le domaine de M. Faucompré, dans une vallée étroite perpendiculaire à la côte. Cette plantation, que l'on dit assez importante et parfaitement entretenue, nous est restée fermée.

Plus loin, à l'entrée même du village de Faaa, se trouve la plantation de cannes à sucre et de caféiers de M. Bonnefin, qui, d'après les renseignements que nous avons pu nous procurer au dehors, comptait primitivement 11 hectares de cannes et caféiers, et en compte maintenant 16, défrichés ou en culture. Nous savons aussi que sur cette exp.oitation, dans la partie inférieure, se trouvent une distillerie établie sur une petite rivière, et un moulin à moudre la canne, mis en mouvement par un manége.

Quant aux détails relatifs à la culture elle-même, à son rapport, à l'entretien des caféiers, jadis proposés pour une prime, au nombre d'hommes employés, etc., etc., nous n'avons pu les obtenir de M. Bonnefin.

Il existe à Faaa un travail de culture fait dans des conditions assez remarquables pour qu'il mérite d'être cité, bien qu'il ne présente rien d'analogue avec les plantations industrielles dont nous avons plus spécialement à nous occuper. C'est, entre la route et la mer, une vaste tarotière, embrassant une superficie de trois hectares au moins, plantée et exploitée à frais communs par les habitants, à l'endroit où s'étalait un marécage inutile et gênant, devenu aujourd'hui une source de denrées alimentaires ou d'un revenu assuré pour ceux qui ont contribué à ce travail.

N° 53. — HERVÉ. Possède à l'extrémité du village, et du côté de la montagne, une propriété placée sur une de ces veines de bonne terre dont nous avons signalé la présence au milieu des bancs d'argile rouge. Le sol en effet est un humus fort riche, le terrain en général bien abrité ; les conditions, somme toute, avantageuses pour l'agriculture.

La superficie tout entière est de 30 à 40 hectares, plaine et mon-

tagne, sur lesquels cinq sont défrichés et trois et demi à quatre mis
en culture en divers produits.

Deux hectares sont plantés en coton et maïs, et sur cette surface,
une partie, qui date d'un an, a rapporté 200 kilogr. de longue-
soie ; une autre partie n'était plantée à cette époque (10 octobre)
que depuis quinze jours. Les graines avaient été fournies par
M. Gibson.

Une certaine quantité de manioc, une vanillière très-bien entretenue, mais de peu de rapport en ce moment, à cause de la dépréciation
de ce produit sur la place ; un beau carré d'ignames de plusieurs
variétés, occupent une partie du terrain restant, avec 200 jeunes
plants de caféiers, bien ombragés et bien soignés, et 200 cocotiers
encore de récente plantation.

M. Hervé possédait en outre, de l'autre côté de la route, un potager auquel il tenait beaucoup, en raison des soins qu'il lui donnait,
et que le ras de marée du commencement de 1865 a détruit.

Il a aussi, dans le jardin qui entoure sa maison, quelques arbres
fruitiers, et à cela l'on peut ajouter une vache laitière, un veau,
quatre porcs, des volailles, etc.

Les constructions consistent en une maison d'habitation et deux
dépendances, étable, etc., que M. Hervé a construites lui-même et
que l'on peut estimer un peu plus de 2,000 francs.

Ce colon, établi depuis six ans, a commencé il y a deux ans à défricher et à planter ; il travaille seul et courageusement à étendre ses
cultures, à l'amélioration desquelles il emploie un esprit attentif et
observateur, ne perdant aucune occasion d'augmenter son expérience
d'agriculteur. Dans ce pays, où l'Européen peut non-seulement surveiller les travaux de la terre, mais encore mettre la main à l'œuvre,
c'est sur des colons comme celui-ci que l'on doit compter pour former le noyau d'une véritable population agricole.

M. Hervé ne se plaint que des ravages des porcs laissés obstiné-
ment à l'état errant par ses voisins indigènes, et ne demande qu'à
s'agrandir de quelques terres voisines, encore livrées aux goyaviers, pour étendre ses cultures. Il aurait besoin pour cette opération de l'aide de la Caisse agricole.

N° 54. — RILLOT. Sur la gauche de la route de Faaa ; établi
sur un terrain de bonne qualité, dont le travail entrepris et pour-
suivi avec vigueur, date de quatre mois à peine. Un hectare de terre
est débroussé et nettoyé ; une moitié est déjà plantée, l'autre est
prête à l'être dès que la saison le permettra. En attendant les pluies,
M. Rillot continue à défricher. Son intention est de planter en coton
tout le terrain dont il pourra disposer.

Comme le précédent, M. Rillot est un travailleur sérieux, appliqué
à son œuvre et décidé à faire rendre à cette terre ce qu'elle peut
produire. Il travaille seul et ne formule ni plainte ni demande.

N° 55. — S. M. POMARE IV. D'assez vastes terrains, qui jadis appartenaient à la reine, et sont maintenant entre les mains de M. Salmon et Maheanu, s'étendent au-delà de Faaa sur les deux côtés de la route, et sont devenus le théâtre d'un travail assez actif. Ils sont divisés en trois parcelles, dont le sol est de bonne qualité, bien qu'elles soient situées dans une région cernée par de larges veines d'argile rouge. Un petit cours d'eau arrose les parties les plus déclives de cet ensemble, et y entretient un peu de fraîcheur.

La première fraction, exploitée par Maheanu, qui s'étend sur la droite de la route, a une surface de 18 hectares en tout, sur lesquels une partie seulement est cultivée. Ce sont des terrains plats, qui pourraient se prêter à de vastes plantations, et dont le sol, comme nous l'avons dit, est d'une grande richesse.

Cette propriété est plantée en coton, maïs et cocotiers, entremêlés un peu sans ordre. Le coton, âgé de quatre mois, et qui a sensiblement souffert de la sécheresse, couvre quatre hectares, avec un nombre indéterminé de cocotiers de trois à quatre ans, qui déjà ombragent d'une façon nuisible la première culture et lui déroberont encore bien plus l'air et le soleil lorsqu'ils se seront développés.

Le maïs mûr recouvre une surface que l'on peut évaluer à deux hectares. La plantation de coton avait été inaugurée dans la partie de la propriété qui se trouve avant le cours d'eau, dès le 25 décembre 1864.

La deuxième parcelle, qui se trouve sur la route en face de la précédente, est plantée en cocotiers, maïs et coton. Le défrichement s'y poursuit, et les semailles suivent immédiatement le défrichement à mesure qu'il découvre le sol. Quatre hectares et demi sont ainsi livrés à la culture.

Cette propriété a jadis été primée, puis est passée à d'autres mains. C'est M. Salmon qui s'en occupe maintenant.

La troisième fraction, dans des conditions de sol et de position analogues aux précédentes, est plantée presqu'en totalité de cocotiers âgés de quatre ans. Des cotonniers y ont été semés ; quelques-uns sont de belle venue, mais un grand nombre a été envahi par les herbes. La superficie totale est de sept hectares.

N° 56. — ROBINSON. A gauche de la route de Faaa à Punaauia, sur un bon terrain, riche et léger à la fois. La surface de la propriété est d'un hectare et demi, complètement défrichés et plantés en coton et maïs.

Le premier est de première qualité ; les graines proviennent de chez M. Holthusen et de la Caisse agricole. Il est encore nouveau.

Le maïs est de belle venue.

Les bâtiments élevés sur le terrain ne se composent que d'une petite maison d'habitation et d'une case indigène de peu de valeur. Les animaux consistent en des porcs, au nombre de cinq.

M. Robinson travaille avec l'aide de journaliers tahitiens. L'entretien général de sa propriété est fort bon, et dénote un soin extrême dans tous les détails de l'exploitation.

N° 57. — BRANDER, à Faaa. Limitrophe du précédent, et dans une position analogue sous tous les rapports : exposition et qualité du sol. La surface totale est de trois hectares et demi, défrichés et plantés en coton, caféiers et cocotiers.

Le coton, longue-soie, provenant de graines fournies par M. Holthusen, couvre deux hectares. Il offre dans sa qualité quelques légères variétés, toutes belles, mais qui n'ont pas toutes le même éclat et le même soyeux. C'est une remarque que nous avons faite dans presque toutes les plantations recevant directement la brise du large.

Les caféiers, dont quelques plants, bien ombragés et abrités, sont d'une beauté remarquable, sont, en général, sur le reste de la culture, chétifs et souffrants : ils couvrent une surface d'un hectare et demi.

Les cocotiers, au nombre de 800, ont été plantés en novembre 1864.

Sur la propriété s'élèvent une maison d'habitation et trois petites cases à l'indienne comme servitudes, le tout pouvant être estimé à la somme de 1,200 francs. Les animaux sont un cheval et cinq porcs.

Cette plantation, jadis primée pour les caféiers, est confiée aux soins du nommé Henry Smith.

N° 58. — MACHETEAU. Établi dans une région où domine l'argile rouge, qui, du reste, porte à sa surface assez de détritus végétaux pour constituer un humus léger et fécond. Sur une surface assez étendue, il a planté 200 cocotiers à 7 mètres de distance, trop jeunes pour rapporter.

M. Macheteau fait activement défricher ; il avait déjà, en octobre, plus d'un hectare et demi prêt à être mis en culture ; il n'attendait pour commencer que les premières pluies.

Il emploie à ce travail un Européen.

N° 59. — ORSMOND. Propriété traversée par la route de ceinture, dans d'excellentes conditions, bien arrosée, et, dans la partie inférieure surtout, paraissait ne se ressentir en aucune façon de la saison sèche. Sa surface entière est de 18 hectares, dont une partie seulement est défrichée et mise en culture, mais sur lesquels le travail avance rapidement.

En septembre, deux hectares et demi étaient cultivés en maïs et coton ; de jeunes cocotiers étaient plantés en grand nombre, et dans la partie la plus élevée, le fermier, M. Lathrop, faisait disposer une plantation de caféiers dans une bonne situation.

Une partie des deux hectares et demi plantés a été ensemencée en mai 1864, et avait déjà produit une récolte de maïs et de pois avant d'être plantée en coton. La culture d'une autre partie date de juin 1864 ; la dernière, enfin, n'a été mise en œuvre qu'en juillet 1865.

Le produit total en coton longue-soie, provenant de graines fournies par MM. Brander et Stewart, a été de 500 kilogr. jusqu'au mois de septembre 1865, époque de notre visite. Deux Indiens des îles Sandwich ont été employés aux travaux de défrichement d'une partie de la propriété ; le prix de revient a été de 150 francs par hectare, le fermier travaillant lui-même, il est vrai. L'exploitation générale a été retardée d'un mois par le ras de marée du commencement de l'année.

Les constructions consistent en une maison habitée par l'homme chargé de la direction de la propriété, et estimée 1,000 fr. à peu près.

Le fermier est un nommé Lathrop, travailleur infatigable, qui a pris à bail ce terrain pour huit ans. Il s'est engagé à payer le quart de la récolte comme fermage.

Il n'emploie en ce moment qu'une femme pour l'aider à la récolte du coton.

N° 60. — FULLER. Établi sur un terrain appartenant à la reine, bien placé, a défriché depuis peu et planté deux hectares en coton, trop nouveau pour avoir rien produit. Il habite une case assez grande, seule construction élevée sur le terrain.

N° 61. — TEO, indigène des Sandwich. Sur un petit terrain nouvellement défriché et planté, d'un demi-hectare environ, dont les premières parties semées ont déjà produit.

N° 62. — PUGENS (Louis). Dans une petite vallée transversale, dénuée d'eau, bien qu'elle porte les traces d'un courant violent qui a multiplié les cailloux dans ce terrain. Le propriétaire a tiré de ce sol tout le parti possible. Il a établi, au lieu d'une pente assez raide, une série de terrasses séparées par des murs en pierres sèches retirées du fonds même ; et grâce à ce laborieux défrichement, défie maintenant les averses qui eussent emporté les terres meubles.

Il cultive du maïs, du manioc, mais surtout du tabac, très-soigné, dont la plantation s'étend bien loin le long de la vallée. Il le manipule lui-même, et obtient des produits de bonne qualité.

Il possède une petite maison et deux cases qui lui servent d'ateliers et que nous pouvons estimer 500 francs.

Comme partout, mais surtout dans cette partie de l'île, la plantation souffre de la sécheresse.

Ce colon, qui, pour cause de maladie, n'a pu commencer à travailler qu'il y a sept mois, est plein de courage et fort industrieux.

N° 63. — VALEX. Possède une propriété assez étendue, dans un bon terrain, en plaine, dont trois-quarts d'hectare environ sont plantés en coton longue-soie, qui commençait à produire à cette époque (1er octobre) et doit être en plein rapport aujourd'hui. Le voisinage de cotonniers tahitiens avait, en quelques endroits, par voie de fécondation artificielle, altéré la qualité du produit, mais dans des proportions insignifiantes. Il est presque impossible d'éviter complètement cet inconvénient, qui ne disparaîtra qu'avec le coton tahitien lui-même, et nous l'avons trouvé sur presque toutes les cultures.

Les travaux continuent sur cette propriété, dont les défrichements sont aussi complets que possible, et qui paraît bien entretenue.

Les seules constructions existant alors étaient deux petites cases de peu de valeur.

M. Valex se plaint énergiquement des maraudeurs indigènes, qui, là comme partout, profitent du moindre défaut de surveillance pour voler.

N° 64 — MIGNEUX. Sur le côté de la route de ceinture, sur un bon terrain, bien que, dans toute cette partie de l'île, le sol soit loin de valoir les riches dépôts que nous avons signalés à l'est de Papeete. La propriété, assez étendue, et sur laquelle le travail continue, présente deux hectares complètement défrichés et trois-quarts d'hectare environ plantés en coton longue-soie, provenant de graines de la Caisse agricole, et sur le point de donner des produits.

Semé dans la saison sèche, dans un terrain assez aride par lui-même, ce coton ne rendra pas ce qu'il eût pu rapporter, bien qu'il soit entretenu avec le plus grand soin par le propriétaire, qui travaille seul, et qui seul a tout fait sur cette plantation, jusqu'à la maison qu'il habite, et qui était encore inachevée à cette époque.

Il est établi depuis le mois de janvier, et a commencé à défricher en février.

M. Migneux n'a à formuler ni plainte ni réclamation. Il désirerait avoir les moyens de s'agrandir du côté de l'ouest, où se trouvent des terrains inutiles aujourd'hui, mais qui pour lui seraient une acquisition précieuse, en ce qu'ils lui procureraient de l'eau, qui lui manque absolument sur ceux qu'il possède.

N° 65. — LEPONT. Sur un terrain de bonne qualité, jadis recouvert d'une épaisse végétation, en plein défrichement. La surface totale de sa propriété est de 50 à 60 hectares, plaine et montagne, mais cette dernière est presque partout, derrière la partie plate, tellement ardue, verticale, qu'il ne faut pas songer à en faire le théâtre d'une culture. En bas se trouvent cinq à six hectares, sur lesquels deux et demi sont complètement défrichés et nettoyés, prêts à recevoir du coton dès que la saison sera favorable.

En attendant, il entretient diverses cultures du pays, assez soignées. Il possède une petite maison d'une valeur médiocre.

Pour la mise en œuvre de ses terrains, qui se poursuit sans relâche, M. Lepont n'a pu employer que des journaliers, auxquels il donne 2 fr. 50 c., mais sur le travail desquels il ne peut compter d'une façon régulière. C'est ce que nous avons vu partout où l'on était forcé d'avoir recours aux Tahitiens.

M. Lepont se plaint des vols nombreux commis par ses voisins indigènes, les mêmes probablement que ceux qui exercent chez M. Valex des déprédations du même genre.

Punaauia et Paea.

Tandis que les montagnes, qui suivent, à des distances variables, les contours de la plage, conservent leur éternelle verdure, étalant jusqu'à leur sommet le luxe d'une magnifique végétation, le rivage lui-même subit, à partir du point où nous sommes rendus jusqu'à Maraa, un changement remarquable dans la nature de son sol. Des bandes de terrain sablonneux, stérile, étroites d'abord et séparées par de larges zônes encore fertiles, disputent la plaine à la culture. Interrompues un instant aux environs de Punaauia, qui doivent au voisinage de la vallée de Punaruu plus de fraîcheur et de fécondité, ces surfaces mouvantes se rapprochent de plus en plus, se réunissent enfin, et vont former, après une succession de bassins desséchés, les dunes désolées de Paea. Le ras de marée du commencement de 1865 n'a pas peu contribué à transformer en désert cette lisière sablonneuse : des plantations ont disparu sous le gravier ; des cours d'eau ont cessé de couler ; des arbres rougis, morts sur place, attestent encore la violence du phénomène et l'étendue des espaces qu'il a envahis.

Cependant, sur une terre comme celle de Tahiti, la végétation n'a jamais dit son dernier mot : le sable, à son tour, recule devant elle ; le chiendent fixe et engraisse en se détruisant ce terrain mobile ; l'humus se reforme et suit lentement, mais invinciblement sa marche du pied de la montagne vers la mer, et les pluies aideront à cette œuvre de résurrection. Enfin, ce qui est caractéristique, et prouve combien il existe de bons terrains, même dans cette région, la plus aride de l'ile, c'est que c'est là, dans ces deux districts, que la culture du coton a reçu l'élan le plus énergique, que les travaux individuels se sont le plus multipliés, aussi bien chez la population indigène que chez la population européenne. Aussi, en présence de ces efforts, nous sommes fondés à espérer que les ravages du ras de marée du 3 février n'auront constitué qu'un retard réparable dans les progrès du bien-être général de ces districts, et la réussite de ceux qui ont vu leurs propriétés ravagées, leurs cultures presque anéanties dans l'espace d'une nuit.

N° 66. — DARLING ET BUCHIN. Sur un terrain étendu, bien nettoyé et d'un bonne qualité, quoique privé d'eau. La surface entière est de cinq hectares, complètement défrichés, et qui sont destinés à recevoir du maïs et du coton. Un demi-hectare environ est semé, mais n'a rien produit encore. C'est une plantation nouvelle, commencée le 3 juillet. Un Américain, M. Lamphear, s'est chargé, pour la somme de 5,000 fr. par an, de faire valoir cette propriété, et il y déploie une activité remarquable. Il a été obligé à des retards dans l'ensemencement par la sécheresse de la saison. Ses graines proviennent de chez M. Pater.

Il possède une maison que l'on peut estimer 1,800 à 2,000 fr., une vache et un veau.

M. Lamphear se plaint de l'instabilité, de l'irrégularité du travail indigène ; et, en effet, il a souvent été réduit aux expédients pour achever son défrichement, assez facile pourtant, grâce au peu de développement des goyaviers. Ainsi, ce sont des femmes, au nombre de quinze pendant une semaine, à 2 fr. par jour, au nombre de quatre pendant trois semaines, qui ont exécuté presque tous ses travaux. Un hectare et demi sur les cinq a été défriché à l'entreprise pour 125 fr. ; en ce moment, deux hommes, Tahitiens du district, sont employés journellement sur ce terrain, mais il y a toujours de la difficulté à se les procurer, et, comme les femmes placées dans le même cas, ils disparaissent une fois payés. D'un autre côté, les travaux des routes, la construction du pont de Tapuna et de ceux de Punaruu, ont compliqué ces embarras, dont les colons sont enfin venus à bout, mais en payant 2 fr. 50 la journée au lieu des 2 fr. payés par le gouvernement aux travailleurs libres.

Tout compté, le défrichement de ces cinq hectares n'est revenu, en définitive, qu'à 735 francs.

N° 67. — DARLING, dans le village même de Punaauia. Propriété bien entretenue, plantée de vivres indiens, ou réservée au pacage d'un beau troupeau de moutons, en parfait état, renfermés dans un enclos où ils peuvent s'abriter.

Le troupeau se composait de 29 têtes, dont six agneaux, un bélier d'âge et trois petits béliers.

Outre ce troupeau de bêtes à laine, M. Darling possède dans la vallée de Punaruu, loin des défrichements, un certain nombre de bêtes à cornes, parfaitement isolées et parquées.

Dans ce même district de Punaauia, un grand nombre d'indigènes se sont adonnés à la culture du coton ; de tous les côtés, ils se sont mis à défricher, dans la limite de leurs terrains et de leurs moyens. Les facilités qu'ils avaient à se procurer des graines à la Caisse agricole, celles qu'ils trouvaient par son intermédiaire pour l'écoulement de leurs produits contre de l'argent comptant ; les conseils et l'exemple de la cheffesse et de son mari, les ont entraînés rapidement dans cette voie. Nous joignons à ce rapport la liste de plus de quatre-vingts propriétaires ou fermiers, qui, selon l'époque à laquelle ils ont commencé, ont tous défriché, planté ou récolté du coton d'excellente qualité, sur des terrains dont la superficie varie de six hectares à un demi-hectare. Nous ne parlerons en détail que de ceux qui nous ont le plus frappés, par la suite et l'énergie inattendue de leurs efforts chez des gens de leur race :

Pohuetea,	Tefaaaue,	Aono,	Parauhia,
Aifenua,	Matau,	Faaave,	Tuahu,
Paave,	Haafifi,	Maitiuri,	Aitou,
Tuane,	Farani,	Tinomanu,	Tau,
Maie,	Teriitahi,	Toofa,	Teraitualini,
Tautahaa,	Metuaore,	Tanetua,	Tamu,
Tautu,	Tahua,	Faarovau,	Harua,
Toetoe,	Otoore,	Haavahia,	Papa,
Marii,	Tehiupa,	Poroi,	Viria,
Puta,	Horohia,	Tane,	Manu,
Hamaina,	Fau,	Taua,	Tapare,
Titohi,	Tetuaahoro,	Maehu,	Airima,
Puaita,	Teaumanava,	Punua,	Fariue,
Oopa,	Paetua,	Tuauri,	Maiino,
Fanaupo,	Tipae,	Tiaiho,	Hira,
Anivai,	Hunahia,	Mama,	Teharuru,
Faero,	Hoomoni,	Teehu,	Taoto,
Riaria,	Marii,	Airima,	Raupua,
Teiho,	Temarii,	Ercere,	Tahiri,
Maihota,	Maiaho,	Maihope,	Homai,
Maitiuri,	Eia,	Hupehupe,	Tautahaa.
Teaua,			

N° 68. — HAAFIFI, Tahitien. Établi sur de bons terrains, dont il a défriché à fond un hectare et demi pour y planter du coton. Il attendait les pluies pour commencer avec avantage, et cultivait du tabac en attendant.

N° 69. — TAAMU, originaire de Tonga-Tabu. A déjà défriché et planté plus d'un hectare, bien qu'il ait commencé il y a peu de temps seulement, et qu'il soit réduit à ses propres ressources. Semé au mois d'août, à mesure qu'il nettoyait le terrain, son coton, dont les graines proviennent de la Caisse agricole, n'avait pas eu le temps de produire ; il continuait cependant à étendre son défrichement, qui doit s'être considérablement accru depuis.

Tout le temps dont il pouvait disposer, lors de notre passage, consistait dans le samedi de chaque semaine, seul jour que lui laissassent libre les travaux des routes.

N° 70. — MAHIÉ. Dans les bons terrains du district de Punaauia, a défriché et planté, en juin, plus d'un demi-hectare de coton et de maïs. Les graines du premier provenaient de la Caisse agricole et ont déjà donné une petite récolte.

Il utilise son maïs pour sa nourriture.

N° 71. — TAPARE. Dans le district de Punaauia et sur des terrains dont la qualité va s'améliorant à mesure qu'on se rapproche de la vallée de Punaruu, pour s'appauvrir, il est vrai, de l'autre côté. Cet Indien est en plein travail de défrichement ; il avait nettoyé un quart d'hectare, et planté quelques ares de coton dont les graines proviennent de la Caisse agricole. Son intention était de mettre en culture, coton et maïs, le plus tôt possible, les soixante ares qui constituent sa propriété.

Tous ces terrains, dont quelques-uns sont situés dans le village même, sont complètement en plaine, et assez éloignés encore de la base de la montagne, autant que permettent d'en juger les massifs de burao qui masquent les pentes inférieures.

N° 72. — POHUE et AIFENUA, cheffesse de Punaauia. Sur d'excellents terrains de chefferie, à quelque distance de la plage et derrière le village ; plus de trois hectares sont défrichés et nettoyés. Le travail continue encore, et s'étend. Deux hectares et demi ont été plantés, la première partie en novembre 1864, le reste à mesure que le sol se découvrait. Ce qui avait été planté en novembre a commencé à produire en avril et a rapporté 1,500 francs. Ce résultat les a encouragés, et leur intention est de mettre en culture le reste des vastes et fécondes terres de chefferie dont ils disposent.

Outre le coton qui est très-beau, ils ont six ou sept ares cultivés en tabac, bien entretenu et de bonne qualité, qui a déjà produit 500 francs.

Pohue et Aifenua ont donné à la culture du coton les plus grands soins. Ils ont prêché d'exemple, ont engagé les gens du district à faire comme eux et à s'attacher non-seulement à la plantation et à l'entretien de la plante, mais encore à la qualité du coton récolté. En joignant à cette exploitation les cultures commencées à Papeuriri par Pohue, l'on trouvera qu'il est à la tête de la plus sérieuse plantation indigène de l'île.

N° 73. — PAAVE. Dans les mêmes conditions que les précédents, et établi aussi sur une terre de chefferie d'excellente qualité. Les défrichements comprennent un hectare deux tiers et la plantation un hectare, semé en juin avec des graines provenant de Pohue. La première partie plantée a donné une petite quantité de coton de très-belle qualité.

Le reste du défrichement a été semé en octobre.

Il y a aussi du tabac sur cette plantation, et, comme sur presque toutes, des lignes de maïs alternant avec le coton.

Paave, trouvant plus d'avantages à demander à la terre des ressources qu'il était certain d'en retirer par un travail régulier, est un des rares Indiens qui se soient fait exonérer des corvées à prix d'argent.

Les femmes Eia, Puauri et Maoaï, etc., défrichent et cultivent aussi activement que le leur permettent les moyens à leur disposition. La première même a déjà une terre en plein rapport, qui lui a donné quelques sacs de coton, du tabac, des vivres indiens, etc.

N° 74. — PARAUHIA. Sa plantation est nouvelle, et tandis que le défrichement continue sur d'excellents terrains, il n'a encore que cinq ou six ares qui commencent à rapporter. Les graines proviennent de la Caisse agricole.

L'entretien général est fort bon sur cette petite propriété et le défrichement aussi complet que possible.

N° 75. — AIRIMA. Se trouve dans le même cas et dans les mêmes circonstances que le précédent. Il a cependant semé un peu plus tard, en août, ses graines qui avaient été fournies par Pohue, et c'est, à notre avis, à l'extrême sécheresse de l'époque de l'ensemencement que l'on doit attribuer la présence du ver sur beaucoup de pieds de coton.

Il n'y avait encore que cinq ou six ares plantés, de belle venue, du reste, avec des sillons de maïs intercalés.

N° 76. — TIAHO. Dans la même zône de terrain que les précédents, entre la route et la montagne ; le sol y est très-bon, grâce au voisinage de cette dernière, véritable source de matières fertilisantes pour les propriétés situées à son pied. Sans interrompre son travail qu'il veut pousser jusqu'aux pentes, à travers le terrain d'un nommé Fati, il a planté, il y a environ cinq ou six mois, cinq ares environ, sur lesquels le coton a été l'objet des plus grands soins et a pris un beau développement. Il commence à rapporter. Les graines provenaient de la Caisse agricole.

N° 77. — TIPEE. A entrepris sur une bonne veine de terrain un défrichement assez vaste, qu'il continuait activement lors de notre passage. Sur la partie déjà prête, douze ares avaient été mis en culture et ensemencés avec des graines provenant de chez M. Stewart. Le coton était encore trop jeune pour avoir produit.

Il a planté du maïs entre les lignes de cotonniers.

N° 78. — TANETUA. Propriété indienne assez importante, commencée vers le mois de juillet, et sur laquelle le défrichement continue. Un hectare et demi est déjà planté en coton avec du maïs intercalé ; un demi-hectare est prêt à être mis en culture.

Le coton, trop jeune pour avoir rien rapporté encore, provient de graines longue-soie de la Caisse agricole. Il est de belle venue, haut de 0m60 en moyenne, planté à 2 mètres de distance entre les pieds.

Tanetua possède aussi quelques cocotiers. Cet indigène a commencé à défricher à l'époque où M. le Commissaire Impérial a fait dans ce district la tournée pendant laquelle les hui-raatira ont demandé l'autorisation d'aller travailler leurs terres. Il emploie aux diverses parties de l'exploitation sept personnes, parents ou amis de sa famille.

N° 79. — CADOUSTEAU. Sur un terrain assez ingrat, jadis meilleur, mais sur lequel le ras de marée a entassé de véritables dunes de sable. M. Cadousteau a dû, à la suite de ce désastre, abandonner le bord de la mer qu'il habitait et créer à nouveaux frais du côté de la montagne, sur un sol un peu moins dévasté, une plantation de cotonniers. Un jardin, une maison, un puits, tout avait disparu sous le gravier, dont les masses ont roulé bien au-delà du tracé actuel de la route de ceinture, et dont les parties les plus ténues recouvrent encore le terrain de la nouvelle plantation.

La superficie totale de la propriété est de 42 hectares, plaine et montagne ; la surface cultivée, par suite du retard que nous venons de signaler, n'est que de deux hectares, dont près d'un hectare en coton longue-soie, un peu malingre, ce qu'il doit à une sécheresse encore augmentée par la nature même du sol. Les graines, provenant de chez M. Gibson, ont été semées immédiatement après le ras de marée, et n'ont encore (octobre) rien produit.

Les caféiers, bien entretenus, sont au nombre de 2,000 environ et recouvrent un espace d'un hectare ; ils sont âgés de trois ans. Les cocotiers, de trois ans aussi, sont au nombre d'environ 200.

Sur cette propriété s'élèvent une maison d'habitation, deux hangars, une servitude, et un four, que nous pensons devoir estimer en totalité à 1,200 ou 1,500 francs.

M. Cadousteau travaille seul avec sa famille sur sa plantation, à laquelle il donne les plus grands soins, et sur laquelle il a repris avec une nouvelle énergie le rétablissement de tout ce qui existait avant son désastre.

N° 80. — TAEIIA et OTAUTU. Établis sur une des rares parcelles de bon terrain qui précède Paea, et qu'ils nettoient activement. Ils ont planté avec soin, après un bon défrichement, du coton et du maïs sur un espace d'un hectare environ, depuis trop peu de temps pour avoir déjà obtenu une récolte. Les graines du premier proviennent de la Caisse agricole. La surface du terrain qu'ils attaquent maintenant, toujours pour y semer du coton, est encore plus considérable que celle qu'ils ont déjà mise en culture.

N° 81. — TAHUPE, à Paea. A déjà défriché un tiers d'hectare, dans une situation avantageuse, et planté quelques ares de coton, qui, ensemencé en août, n'a pas encore rapporté. Il avait manqué de graines en commençant, ne sachant où s'en procurer; tranquille sur ce point maintenant, il ne demande, comme, du reste, le district tout entier, que le loisir et les moyens de pousser les défrichements et la culture.

N° 82. — TATUA, Paea. A défriché et planté depuis peu de temps quelques ares de coton, mais il est à présent gêné par l'espace, malgré son désir de continuer. Son intention est d'agrandir sa plantation sur les terrains qui s'étendent entre le village et la montagne et qui appartiennent à M. Darling.

N° 83. — MAHUAHURI, Paea. Dans les mêmes conditions que le précédent, a planté en coton, provenant de graines fournies par M. Patrick, une surface de dix ares, et sa plantation, bien que nouvelle, lui a déjà rapporté une somme de 90 francs Il désirerait agrandir son exploitation, et se trouve dans le même cas que le précédent vis à vis de terres limitrophes.

N° 84. — MAITIA, Paea. Situé, comme les précédents, sur cette lisière fertile qui sépare le village des premières pentes, a planté en coton d'excellente qualité un petit terrain de deux ares environ, très bien entretenu. Il continue le nettoyage du terrain qu'il veut ensemencer, et sur lequel il travaille seul.

N° 85. — FAATAU, Paea. A mis en culture et fait valoir un terrain dont il a la jouissance, mais dont M. Darling est le propriétaire, en même temps qu'un morceau lui appartenant. Cette propriété est assez vaste, et bien placée devant l'ouverture d'une grande vallée; aussi le sol y est-il de bonne qualité, plus riche, moins sablonneux qu'aux environs. Elle est plantée en coton, maïs, cocotiers. Le coton et le maïs, plus spécialement cultivés sur la partie de M. Darling, occupent 75 ares à peu près, bien plantés, bien entretenus, et ensemencés avec des graines provenant de la Caisse agricole, de MM. Labbé et Patrick. Cette culture est nouvelle et n'a encore que très-peu produit. En attendant qu'elle soit en rapport, Faatau continue

le défrichement, qu'il veut pousser jusqu'à la montagne et affecter
à la même culture. Sur ce qui lui appartient en propre, il a planté
161 cocotiers dans de bonnes conditions.

N° 86. — MAHII, Paea. A défriché et dernièrement planté un quart
d'hectare à peu près, qui n'a pas encore produit ; la main d'œuvre
est très-soignée, et l'origine des graines (Caisse agricole) garantit la
qualité de la future récolte. Le sol, du reste, est excellent sur ce
point et le coton de très-belle venue. Mahii possède, au pied même
de la montagne, un défrichement de même surface, prêt à être
ensemencé. Cet Indien travaille seul, et suffit à l'entretien de sa
plantation.

N° 87. — TEHEI, Paea. Sur une propriété assez considérable,
dont une partie seulement, un quart d'hectare à peu près, est défrichée et plantée en coton. Semé dans la mauvaise saison, quoique
dans un terrain qui vaut le précédent, le coton est moins avancé et
n'a rien produit. Les graines ont été fournies par M. Labbé.

Cet homme, qui paraît laborieux et actif, a l'intention de pousser
son défrichement jusqu'au pied de la montagne (216 mètres sur 36),
pour le planter en coton, mais il est seul et ne pourra peut-être pas
suffire à cette tâche.

Il possède deux chevaux.

N° 88. — TETOOFA, chef de Paea. A beaucoup contribué à faire
entreprendre la culture du coton par les Indiens de son district, et a
prêché d'exemple en se mettant à l'œuvre. Il avait, au commencement d'octobre, un cinquième d'hectare de coton longue-soie, provenant de graines fournies par M. Stewart, qui commençait à donner
de beaux produits. A la fin d'octobre, trois-quarts d'hectare se
trouvaient prêts à recevoir les semences dans une autre partie de
son terrain, et les travaux de défrichement continuaient. Enfin, nous
avons pu remarquer que Tetoofa apportait beaucoup de soin, aussi
bien à la culture de la plante qu'à la manipulation du coton récolté.

N° 89. — PATRICK, Paea. Etabli depuis sept ans à l'extrémité du
village de Paea, dans un terrain d'une qualité médiocre, au moins
sur plusieurs points, et dont la partie inférieure a encore été appau-
vrie par l'apport du sable, lors du ras de marée du commencement
de l'année.

La surface tout entière est de quatre hectares, dont un hectare et
demi restait seul à défricher à cette époque. Les deux autres hectares et demi, bien entretenus, se partageaient ainsi :

Coton, un hectare, planté en décembre et janvier, provenant de
graines fournies par MM. Stewart et Gibson. Bien cultivé et récolté
avec soin, ce coton, de très-belle qualité, a déjà donné 500 kilogr.

achetés par la Caisse agricole, et 100 kilogr. étaient encore en magasin chez M. Patrick, prêts à être expédiés.

Les caféiers, au nombre de 1,500 à 2,000 pieds, sont répandus sur une surface de plus d'un hectare, et sont d'assez belle venue, bien que trop exposés au soleil en beaucoup d'endroits.

Quatre cents cocotiers, une sorte de prairie et un jardin complètent l'ensemble de ces cultures.

Une maison et dépendances, que nous pensons devoir estimer 2,000 francs, un four à pain, etc., constituent les bâtiments de la plantation. Les animaux qu'elle nourrit sont neuf moutons et une jument; le matériel d'exploitation consiste en une voiture.

Toute la propriété de M. Patrick est enclose d'une épaisse muraille en pierres sèches ou coraux, qui, construite par ce colon lui-même, lui a causé plus de peines et de perte de temps que ne l'aurait fait un long défrichement. C'est encore un souvenir de la vaine pâture.

Ce planteur, qui a fait par lui-même tous les travaux de son exploitation, tient en grande partie de sa femme les terres qu'il cultive. Il est industrieux et travailleur, et a tiré de ce terrain tout le parti possible. Il y a dans son voisinage des terres d'une meilleure qualité que les siennes, d'une surface d'un hectare et demi à deux hectares, qu'il désirerait acquérir pour les planter en café; ces terres sont en friche et encore couvertes de broussailles. Il demande, pour cette acquisition, le concours de la Caisse agricole.

N° 90. — **DEXTER** (William), Paca. Sur un vaste terrain plat, que son peu d'élévation au-dessus de la mer expose aux inondations, et qui doit à cette cause d'être d'une qualité inférieure à ce que nous avons vu ailleurs. Cependant, le sable même est encore fécond à Tahiti, et sans autre préparation qu'un nettoyage, malgré la sécheresse, ces terrains se sont chargés de cotonniers d'une belle venue.

La propriété tout entière est d'une superficie de douze hectares à peu près, dont une grande partie en plaine; trois hectares environ sont défrichés et plantés en coton et maïs dans les intervalles, le tout entretenu avec soin et bien cultivé.

Le défrichement a commencé au mois de décembre 1864, avec dix travailleurs de l'archipel de Cook, dont on n'a eu qu'à se louer. Trois individus de la même race ont été employés à la plantation, commencée le 1er mars 1865. Depuis cette époque, le coton, bien que retardé par les effets du ras de marée du 3 février, qui avait bouleversé et couvert de cailloux et de sable des terrains tout préparés à recevoir la graine, a déjà donné 150 kilogrammes de produits bruts, et M. Dexter en a encore autant en magasin. Ce coton, provenant de graines fournies par MM. Stewart et Brander, est de première qualité.

Une maison d'habitation et deux servitudes dépendent de cette propriété, commise à la garde d'un Européen qui reste sur les lieux. Ces bâtiments nous ont paru valoir environ 1,000 à 1,200 fr.

N° 91. — DEXTER (Georges W.), Paea. Dans la même position que le précédent, sur un terrain que la mer a parcouru en toute liberté lors du ras de marée, doit cependant au voisinage plus immédiat d'une montagne escarpée, riche en débris végétaux et en sources, plus de fraîcheur et plus de richesse dans la composition du sol.

La superficie totale de la propriété, plaine et montagne, est considérable, mais huit hectares seulement sont défrichés et mis en culture en coton, maïs, cannes à sucre, vivres indiens, etc., etc.

Le coton (4 hectares), provenant de graines apportées de Californie, est d'une excellente qualité, et dans certaines parties de la propriété a pris un développement extraordinaire. Il est à craindre seulement que le voisinage de cotonniers tahitiens, nombreux et de belle venue aussi sur plusieurs points de la plantation, n'influe sur la qualité du Sea-Island. L'un des carrés de l'exploitation a été semé il y a deux ans ; le second, il y a un an. De nouveaux terrains, jusqu'à la base de la montagne, pourront encore recevoir du coton lorsqu'ils seront défrichés. En ce moment, quatre hectares de cotonniers sont en plein rapport, mais beaucoup est perdu sur pied, malgré toute la diligence qu'y peuvent apporter les intéressés. Le produit total de cette année, en coton de provenance californienne (1ᵉʳ carré) et Sea-Island (2ᵉ carré), a été de 2,000 kilogrammes. Il eût été plus fort, sans les ravages du ras de marée.

Les quatre autres hectares, consacrés à diverses plantations du pays, ont rendu 4,000 kilogrammes de légumes, cannes, etc., etc. Ils contiennent aussi du manioc, un carré de patates, des féi, etc. Une belle allée de papayers et de féi traverse toute la propriété et sépare les carrés, facilitant ainsi les communications d'une extrémité de la plantation à l'autre.

Les bâtiments consistent en une bonne maison d'habitation, qui constitue souvent, pour les voyageurs, un précieux abri, dans ce pays où manquent les auberges. Il faut y joindre trois servitudes, que nous pensons devoir estimer, en tout, à une valeur de 3,000 francs.

M. Dexter n'emploie que des indigènes de Mangia, au nombre de deux en ce moment, auxquels il donne 75 francs par mois. Il possède 6 moutons, 3 vaches parquées, 2 veaux, 19 porcs, 2 chevaux, 2 juments, et enfin une voiture.

N° 92. — AFAI, ancien gardien de la petite propriété Oméran, complètement anéantie par le ras de marée, et dont il ne reste qu'un puits à demi-comblé par les sables. Possède sur le côté gauche de la route de ceinture une plantation nouvelle assez importante, qui s'étend jusqu'à la montagne. Plus éloigné que les précédents de la rivière Vaitupa, qui, bien que peu considérable, a conservé jusqu'au milieu de la saison sèche un peu de fraicheur aux terres environnantes, Afai a eu à souffrir du manque d'eau sur un sol appauvri déjà par l'apport du sable. Cependant, le coton, la canne, le tabac, bien plantés et bien soignés, poussent parfaitement et gagnent du terrain.

D'ailleurs, dans cette partie, plus de quatre hectares de surface, appartenant à divers propriétaires, sont en plein défrichement ou déjà cultivés, presque partout, en coton, maïs et tabac, et les travaux continuent avec activité.

N° 93. — MATI, indigène des îles Sandwich. Sur un terrain de bonne qualité, au dela des régions sablonneuses que nous venons de traverser. Le pays, en cet endroit, change d'aspect et de nature ; avec la fraicheur reviennent et la richesse de la végétation et la fécondité du sol.

La surface de cette propriété, nommée Titimu, est assez grande, mais un cinquième d'hectare seulement appartenait à Mati, qui l'a complètement défriché et planté en cocos, cannes à sucre, coton de très-bonne qualité, féi, etc., ainsi que d'autres vivres indiens. Son travail est très-soigné, et il ne dépend pas de lui qu'il ne l'étende sur une plus grande surface ; il essaie de s'agrandir de terrains voisins, encore enfouis sous les goyaviers et les burao, et a déjà acquis, par échange, quelques parcelles qu'il a commencé à défricher.

Trop nouvellement établi pour avoir rien produit, car il ne s'est fixé sur ce terrain que depuis le mois d'août, Mati plante du coton à mesure qu'il nettoie le sol. Il paraît être un travailleur intelligent et énergique, mettant dans son exploitation une suite et une régularité rares chez les Tahitiens. Il se fait aider de sa femme et de ses trois filles.

Il possède en fait d'animaux une truie et une jument ; encore a-t-il depuis échangé cette dernière contre une parcelle de terre voisine.

Il demande qu'on favorise les nouvelles acquisitions qu'il désirerait faire et qu'il a les moyens de payer.

N° 94. — YWAN, associé de TUCK, employé chez M. Stewart. Établis sur deux propriétés connues sous les noms de Mara et Tahiri, dans une bonne position, sur un sol fécond et propre à toutes les cultures. De ces deux terres, la première a été seule jusqu'à présent mise en œuvre par les occupants ; elle comporte une surface de trois hectares, dans les meilleures conditions.

Etablis depuis six mois seulement, ces colons poussent le défrichement avec activité, et plantent immédiatement. Ils ont déjà semé des cotonniers, installé un jardin potager ; leur plantation renferme, en outre, des cocotiers, des féi, des bananiers et autres vivres indiens.

Une case assez propre est la seule construction qui ait encore été élevée sur cette plantation.

M. Ywan, arrivé à Tahiti en février, paraît un travailleur actif. Son œuvre de quelques mois (il n'a commencé l'exploitation que le 22 avril) et le défrichement inauguré il y a quelques semaines le prouvent de reste.

La terre Tahiri, qui, à cette époque, ne leur avait pas encore été livrée, formait avec la terre Mara un bloc pour lequel ils avaient déposé 500 francs en garantie de paiement. Elle leur fait défaut, maintenant qu'ils voudraient pousser leurs travaux de ce côté, et ils désireraient qu'on pût la leur remettre. La surface totale est de dix hectares à peu près, plaine et montagne.

La seule plainte qu'ils formulent concerne les voisins indigènes, qui vivent précisément sur cette terre de Tahiri, et qui, disent-ils, les volent à qui mieux mieux.

Papara, Papeuriri, Papeari.

Nous avons cru devoir réunir sous le même paragraphe ces trois districts, qui offrent dans leur aspect général, dans la nature de leurs terrains, le régime de leurs eaux, les plus grandes analogies. C'est là, à Atimaono, au pied d'un amphithéâtre de montagnes qui laissent entre elles et la mer un vaste espace cultivable, que se trouve la plantation Soarès, dont nous avons eu l'occasion de nous occuper déjà, et dont la prospérité, en dehors de toute autre considération, plaide en faveur des districts qui en sont le siége. Mais Atimaono n'est pas le seul point où se trouve réunie la même somme d'avantages : les grandes vallées, les surfaces étendues, les cours d'eau intarissables, se succèdent sans interruption jusqu'à l'isthme ; tout cela à travers une végétation exubérante, sur un sol engraissé à des profondeurs inconnues par la lente décomposition de forêts séculaires. L'on est d'autant plus saisi de l'aspect de ces beaux districts, que l'on vient de quitter la bande sablonneuse suivie jusqu'à près de Maraa, et l'interminable forêt de cocotiers qui la recouvre. Aux grottes même, la montagne verticale, inaccessible, baigne sa base dans la mer, mais à partir de ce point, elle s'éloigne peu à peu du rivage, et ne s'en rapproche plus qu'à de longs intervalles, largement ouverte par de profondes vallées. Ce n'est que bien loin, au-dela de Papeari, que cesse la ceinture que forment ces terrains plans, couverts de bois, si féconds, si richement arrosés.

En revanche, par suite de l'éloignement du centre industriel de l'île, et surtout au peu de temps qui s'est écoulé depuis que Tahiti est entrée résolument dans la voie du travail de la terre, il n'y a que peu de blancs occupés à tirer partie de ces magnifiques terrains. Nous ne parlons pas, bien entendu, de la plantation Soarès, brillante exception, qui ne saurait trouver en ce pays de terme de comparaison. D'un autre côté, à partir de Maraa, la vaine pâture règne en maîtresse absolue, et y revêt tous les inconvénients que nous avons cités plus haut.

Aussi, jusqu'à présent, la nature seule a fait tous les frais du mouvement commercial de ces districts, en fournissant uniquement à l'exportation des bestiaux, des tripans, et les belles oranges de Papeuriri.

Dans un pays où tout est à créer, sauf le sol, si libéralement doué d'ailleurs, aucune des ressources que présente ce dernier ne doit être négligée. C'est la raison qui nous fait parler du filon d'argile blanche, fine, douée de toutes les qualités extérieures des bonnes terres à faïence, que renferme le district de Papeari, et qui correspond à un filon du même genre, placé dans une situation symétrique de l'autre côté du port Phaéton, dans le district de Vairao. Ce dernier est plus pur, plus blanc, moins souillé de débris organiques que celui de Papeari, et peut offrir à des colons intelligents de précieux éléments de première installation, sans parler du parti industriel qu'un homme du métier ne manquerait pas d'en tirer. Nous ne parlons pas de l'admirable disposition que présentent les belles vallées de ces districts pour la culture du café ; on pourrait en faire un centre de production immense de cette précieuse denrée ; mais le premier coup de hache n'est pas donné, et nous avons déjà parlé ailleurs de ce même sujet.

N° 95. — HAMBLIN (William), à Maraa. Établi sur une étroite lisière de terrain plan, adossé à la montagne, verticale en cet endroit. Le terrain, d'une bonne qualité, est par le fait même de sa position, mélangé de cailloux en certaines parties. La surface totale de la propriété est indéterminée ; celle de la partie cultivée est d'à peu près trois-quarts d'hectare, sur lesquels un quart environ est planté en coton longue-soie, qui, pour une cause ou l'autre, a subi les effets d'un mélange qui a un peu altéré sa qualité.

Deux-tiers d'hectare environ sont consacrés à diverses destinations, et plantés en caféiers, qui ont pris un développement remarquable sur certains points au moins. Personne ne résidait sur le terrain lors de notre passage, et n'a pu compléter nos renseignements.

N° 96. — FLORÈS (Antonio), à Papara. Dans le village même, possède une petite propriété attenant à sa maison, de 40 ares à peu près, et une tarotière sur la plage. Le terrain a les qualités communes aux terrains de toute cette région. M. Florès se livre aux cultures multiples qui, jusqu'à présent, ont presque été une nécessité pour les petits colons. Ainsi il a cinq ares de vanille, sur neuf rangs, jeune et n'ayant encore rien produit; un carré de cannes à sucre de quelques ares; des cacaoyers, une tarotière sur la plage, etc., etc.

M. Florès s'est construit une maison demi-européenne, demi-indienne, de charpente et de clayonnage, que nous estimons à une valeur de 500 francs, y compris un hangar ou servitude.

N° 97. — Un assez vaste terrain, encore divisé en plusieurs compartiments par des enclos en pierres sèches, entoure la petite chapelle catholique de Papara. Ce terrain, défriché, nettoyé, prêt à recevoir n'importe quelle culture, ne porte que des bananiers rangés avec soin, des patates et du manioc, sur une superficie qui, pour le premier carré, est de 40 ares, et pour le second, de 32. C'est l'ancienne résidence du ministre anglais autrefois établi à Papara. Le terrain est une propriété nationale tahitienne.

N° 98. — THIÉBAUT, Papara. Dans les mêmes conditions que les précédents, possède une propriété d'un hectare, entourée d'un enclos en pierres sèches. La superficie presque entière a jadis été mise en culture, mais elle manque d'entretien dans l'état actuel. La vanillière seule a continué longtemps d'être l'objet de soins assidus, et elle se trouve, par conséquent, en meilleur état; elle couvre une dizaine d'ares. Une autre vanillière, plus jeune, fait suite à la première, et forme cinq rangs qui n'ont pas encore produit.

La première a donné, en grande quantité, de très-belles gousses; mais, ainsi que nous avons eu l'occasion de le dire, cette denrée est dépréciée sur la place, et sa valeur oscille entre de telles limites qu'il est impossible d'en évaluer le revenu.

D'autres cultures sont répandues çà et là, mais paraissent avoir été abandonnées: quelques caféiers assez âgés, des treilles, des mûriers. Une assez grande quantité d'indigo y croît aussi en liberté. Voilà encore une de ces richesses négligées qui abondent dans l'île. Mais surtout en ce qui concerne particulièrement cette dernière, l'on ne peut même pas prévoir l'époque où le nombre des bras, l'accroissement des moyens industriels, l'abaissement des salaires, permettront de l'exploiter avec profit.

Sur le terrain s'élève une maison qui a dû avoir une certaine valeur, mais qui, dans son état actuel de délabrement, peut être estimée 600 francs.

La propriété tout entière a été vendue pour la somme de 4,000 francs.

N° 99. — HORT, Papara. M. Hort possède, sur un terrain magnifique, dont la fraîcheur est entretenue par le voisinage de la rivière,
une plantation de caféiers placée dans les plus belles conditions,
mais qui, en ce moment, est envahie par les goyaviers. Outre les
caféiers d'un certain âge, dont quelques-uns sont très-vieux, cette
plantation porte aussi une véritable pépinière de jeunes individus
qui peuvent servir à la création de cultures considérables.

Trois hectares à peu près sont couverts par des plants, mais n'appartiennent pas à la même personne. Les nommés Mahi et Tapiroa
possèdent à eux deux la valeur d'un hectare, M. Hort les deux autres.

L'on ne peut guère considérer cette caféière comme ayant été
jusqu'à présent une exploitation industrielle, mais elle réunit tous
les éléments nécessaires pour le devenir : position, nature du sol,
et surtout l'âge et la belle venue d'un grand nombre des caféiers,
qui permettraient d'en recueillir actuellement les produits.

N° 100. — VICTOR (Charles). Nous passerons sous silence quelques autres Européens établis à Papara ; ils ne cultivent pas, soit
qu'ils reculent devant la perspective de leurs barrières détruites et
leurs plantations envahies par les bestiaux errants, soit qu'ils trouvent dans l'élève, à peu de frais, de ces mêmes bestiaux, plus de
bénéfices assurés que dans le travail de la terre. Nous pousserons
immédiatement notre inspection jusque chez M. Charles Victor, qui
possède un petit terrain enclavé au milieu de la propriété Scarès,
partageant, par conséquent, les mêmes conditions agricoles que
nous avons signalées dans notre rapport sur cette dernière. M. Victor
se livre à diverses cultures, mais spécialement à celle de la vanille,
qui recouvre une surface d'une vingtaine d'ares, sur plusieurs
rangs espacés de 2^m50 à 3 mètres. Les fruits en sont nombreux et
de belle venue, et elle est bien ombragée et entretenue avec le plus
grand soin.

Les autres cultures consistent en arbres fruitiers du pays.

Une maison d'habitation que nous estimons valoir un millier de
francs et deux petites cases indiennes sont les bâtiments de cette
propriété.

M. Victor a à son service un indigène de Mangia, payé à raison de
2 fr. 50 c. par jour, et qui n'est pas attaché à l'établissement d'une
manière permanente.

N° 101. — BASQUES, à Papeuriri. Ne cultive, sur un terrain de
médiocre étendue, que des vivres indiens. Il y renoncerait volon-
tiers pour toute autre plantation, surtout le coton, s'il pouvait
étendre sa propriété. Il sollicite pour cela l'aide de la Caisse agricole.

N° 102. — LAIDET. Etabli à Papeuriri, sur une propriété où tout
est l'œuvre de ses mains, tâche dans laquelle il a été favorisé d'ail-

leurs par l'excellente disposition et la qualité du sol. Comme toutes les terres sur lesquelles on a tenu à garder intact quoi que ce soit, celle-ci est enclose de véritables fortifications contre les bestiaux errants, et ce n'est pas toujours suffisant. Ces enclos partagent en deux parties la plantation, qui forme une surface totale de cinq hectares cultivables, dont deux hectares et demi sont complètement défrichés et renferment diverses cultures. Dans l'un des enclos, un hectare est cultivé en coton et a donné 200 livres de récolte. Les graines provenaient de chez M. Stewart. Tout le reste est planté en caféiers et cocotiers.; le tout entretenu avec le plus grand soin.

Les caféiers, âgés de quatre ans, n'ont commencé à produire qu'il y a un an, et ont rapporté 20 liv. de café. M. Laidet les a replantés il y a deux mois. Il les laisse à dessein un peu engagés dans les broussailles, parce qu'il a cru remarquer que le puceron n'attaque jamais les plants ainsi couverts.

Dans le second enclos, qui contient la maison et le jardin, se trouve une vanillière assez considérable, mais qui ne peut plus rapporter ce qu'elle coûte de peines et de soins minutieux, depuis qu'à Papeete la vanille est descendue à 5 ou 6 francs la livre, le plus souvent payable en marchandises. Il s'y trouve aussi des cacaoyers qui n'ont encore rien rapporté, des arbres fruitiers, etc., etc. Tout cela souffre un peu du manque de pluie, dont se plaignent tous les colons cette année.

Ce travailleur, qui cultive avec intelligence, est industrieux et expérimenté. Sa maison d'habitation, qu'il a construite lui-même et que nous pensons devoir estimer à 2,000 francs, est commode et jolie ; son poulailler en pierres, et surtout son puits couvert, sont des travaux à imiter même ailleurs qu'à Papeuriri.

M. Laidet, comme tous ceux que nous avons consultés, se plaint du manque de bras et du taux des salaires ; il travaille seul, et suffit à peine souvent à l'entretien ou à la défense de sa propriété ; en effet, l'enclos si coûteux qui la ferme ne suffit pas toujours, et le propriétaire à dû creuser un fossé d'enceinte le long de la partie qui regarde la montagne.

Du reste, M. Laidet est lui-même chargé de tout un troupeau qui jouit des bénéfices de la vaine pâture : 60 porcs, 47 bêtes à cornes appartenant à M. Lamotte, 10 à M. Fiolet, errent en liberté sur le territoire environnant.

N° 103. — PICKETT. Les trois frères de ce nom possèdent à Papeuriri un terrain assez vaste qui ne contient que quelques vivres indiens et des caféiers en petit nombre, d'assez belle venue. Leur principale industrie jusqu'à présent est l'élève des bestiaux, dont ils possèdent 20 têtes errant en liberté. Pour cultiver, ils demandent à s'agrandir par l'entremise de la Caisse agricole.

N° 104. — GIBSON. Au village de Papeuriri, dans un endroit où la montagne laisse une surface considérable de terrain plan, mais légèrement sablonneux, entre elle et la mer. La superficie de la propriété actuelle et celle d'une vaste terre que M. Gibson fait défricher en ce moment, dans le voisinage, pour y planter du coton, n'est pas déterminée, mais est fort étendue.

En ce qui concerne les cultures, négligées depuis quelques années, elles offrent encore des restes importants, et surtout les plus grandes facilités pour être reconstituées. Le coton, planté il y a quelques années, est le premier qui ait été semé dans l'île ; les graines en avaient été demandées en Amérique par M. Gibson.

La canne est destinée, jusqu'à présent, à la nourriture des bestiaux ; il en est de même d'un très-beau carré de maïs qui sert aussi à la basse-cour.

Le reste consiste en un peu de vanille et des vivres indiens, manioc, etc.

Depuis longtemps, deux hommes indigènes suffisaient aux travaux qu'exigeait l'état actuel de la propriété ; le nombre en a été augmenté selon le besoin. En ce moment, quinze travailleurs sont occupés à défricher le terrain dont nous avons parlé plus haut.

Les bâtiments consistent en une belle et vaste maison de plaisance et d'habitation, formant le centre de plusieurs autres corps de logis, magasins, servitudes, etc., etc., construits avec le plus grand soin et dont la valeur approximative est de 15,000 à 20,000 francs.

N° 105. — VARGAS (Jose-Manoel), à Papeuriri. A sa propriété sur un bon terrain, légèrement parsemé de gravier en ce moment, résultant de son envahissement par la mer ou la rivière limitrophe à diverses époques. Cette situation, dans l'angle formé par la mer qui inonde la plage et un cours d'eau sujet à déborder, lui ravit une partie des avantages qu'il devrait sans cela au voisinage de ce dernier, source inépuisable de fraîcheur pour le sol aux plus fortes sécheresses de l'année.

M. Vargas possède une vingtaine d'ares en toute propriété, mais il a la jouissance d'une bien plus grande superficie. Il n'a point le plan du terrain qu'il a payé, et sur lequel il est établi depuis juin 1863.

Il ne cultive pas de coton.

Son café, très-soigné, n'a guère produit encore que six livres. Il est de belle venue, quoique sur une terre menacée du débordement de la rivière.

Le cacao n'a pas encore donné de récolte.

Le tabac, la culture principale, vient parfaitement, tant sur le propre terrain de M. Vargas que sur celui dont il a la jouissance. Il lui a rapporté 750 francs en 1863, 300 francs en 1864 ; mais il ne compte, cette année, à cause de la sécheresse, que sur une somme de 200 francs. Ce tabac, mis en carottes et manipulé par lui, est porté à Papeete et vendu aux navires.

Les cannes, destinées à la nourriture des bestiaux, couvrent un quart d'hectare. Le manioc, que le propriétaire exploite en fécule, et qu'il manipule lui-même, lui assure un petit revenu.

Il possède en outre 2 chevaux, 30 porcs, et 50 bêtes à cornes à l'état errant, dont il vend de temps en temps un individu à Papeete.

M. Vargas voudrait s'agrandir du complément de la terre dont il cultive une partie, mieux placée, comme sécurité du côté de la mer et de la rivière. Il voudrait y ajouter quatre ou cinq hectares de bonnes terres à demi-défrichées, situées derrière les siennes, pour augmenter et varier ses cultures, auxquelles il adjoindrait le coton.

Il tiendrait à obtenir ces terrains, n'étant plus sûr de garder la portion qu'il cultive chez un autre. A la suite de difficultés au sujet des cases métriques et de leur territoire, il n'a pu faire ratifier un marché de vente dont il était convenu avec le propriétaire. Aujourd'hui, celui-ci refuse de conclure. M. Vargas paierait d'ailleurs, sans avances, ces achats, pour lesquels il réclame simplement l'entremise de la Caisse agricole.

N° 106. — POHUE, chef de Papeuriri. A fait défricher au mois de septembre, et planter à partir du 5 octobre, plus de trois-quarts d'hectare de coton, dont les graines avaient été fournies par M. Stewart. Le défrichement, pour lequel on employait la méthode usitée sur la plantation Soarès, marchait avec une extrême rapidité, et chaque jour augmentait l'étendue de la plantation.

Ce chef possède déjà, à Punaauia, une belle exploitation cotonnière, dont nous avons parlé. C'est lui qui, juste appréciateur de la valeur et de la grande surface des belles plaines du district, a proposé à tous les propriétaires de terres de s'associer pour former de toutes ces parcelles une vaste plantation, exploitée à frais communs, à la culture et aux bénéfices de laquelle tous concourraient. Cette application de l'instinct d'association, que possèdent les Indiens, à la grande culture industrielle, est remarquable.

N° 107. — MALLET. Après le défrichement en activité, mais récent de Mme Henry, qui néanmoins embrasse déjà plusieurs hectares, la première culture régulière que l'on rencontre est celle de M. Mallet, Français, établi sur un sol d'excellente qualité, dont la surface totale, plaine et montagne, est de douze hectares au moins.

Un hectare seulement est défriché et mis en culture en coton et tabac. Le coton, qui couvre un demi-hectare, provient de graines fournies par M. Gibson, et a déjà rapporté 304 francs. Il est fort beau, de qualité supérieure. Cependant M. Mallet, sur des renseignements assez singuliers, et dans tous les cas erronés, s'occupait à le détruire, en plein épanouissement, lors de notre passage, pour le remplacer par des graines provenant de chez M. Stewart. Nous l'avons arrêté à temps pour sauver une partie d'une belle récolte de fort beau coton. Il veut agrandir cette culture, et défriche à cette intention.

Le tabac, qu'il travaille lui-même, et qu'il vend tout préparé en carottes, lui a rapporté cette année 200 fr. Il couvre avec quelques vivres indiens le reste de la plantation.

M. Mallet a l'intention de planter du café dans la montagne, mais il manque de bras pour entreprendre un travail de quelque importance.

Il possède quatre têtes de bétail et un cheval.

En ce moment, il est occupé à s'enclore à grands frais, pour renforcer ses barrières renversées continuellement par les bestiaux errants. Non-seulement il verrait avec reconnaissance la mesure du parcage des bestiaux, mais encore, en nous faisant remarquer que les plus déprédateurs de ces animaux étaient les porcs, il proposait d'enfermer de suite ces derniers, et, pour sa part, se disposait à leur bâtir immédiatement un enclos.

Il se plaint aussi des excursions nocturnes des Chinois, qui déjà se sont introduits dans sa maison et ont tenté de le faire une seconde fois.

Ce colon, qui s'est installé sur cette terre avec la ferme intention de la mettre sérieusement en valeur dans toutes les limites des moyens dont il pourrait disposer, l'a acquise par l'entremise de la Caisse agricole. C'est un travailleur intelligent et actif.

N° 108. — Dans le village même de Papeari, quelques timides essais, de petits carrés isolés au-devant des cases, représentent seuls la culture du coton, au milieu d'assez pauvres jardins de vivres indiens et de cocotiers inexploités. Ce sont des femmes qui ont entrepris ces petites plantations ; ainsi l'Indienne Tihiva a planté en coton, provenant de graines fournies par M. Gibson, un carré de quelques mètres de côté ; il est de belle venue, et a déjà produit un sac d'une trentaine de livres, de la meilleure qualité. Une autre femme, du nom de Fanao, a planté aussi et récolté une quantité pareille du même coton.

Sauf quelques plants de cannes qui réussissent admirablement, et un peu de manioc, les habitants de ce district n'ont aucune culture. Tous possèdent des animaux nourris sur le commun, dévastant à leur aise toute la campagne ; les uns sont propriétaires de 11, 12, 15 têtes de bétail ; les autres sont chargés, en outre, de troupeaux étrangers. Aussi le bétail est-il de beaucoup trop nombreux pour l'alimentation précaire que lui offrent ces régions boisées ; les échantillons que nous en avons vu sont maigres et dégénérés. Sans compter les troupeaux des blancs, plus de 160 bêtes à cornes vivent à l'aventure sur ce beau territoire.

Les habitants accueillent cependant avec plaisir la proposition d'abolir le libre parcours des bestiaux ; mais ceux qui leur avaient expliqué la question avant nous l'avaient fait d'une manière singulière. Il s'agissait non pas d'enclore les animaux, mais bien d'enceindre solidement les terres cultivées. C'était faire la part, et bien petite, à grands frais, de la culture, au bénéfice des bêtes errantes : c'était la culture qui se trouvait parquée, et le district restait le domaine de ces gênants voisins. Après les éclaircissements qu'ils ont reçus à cet égard, ils ont paru accueillir avec plaisir la proposition analogue, mais d'effet contraire, de restreindre le parcours des bestiaux au bénéfice de la culture.

N° 109. — BOTTIGER. Établi au milieu des bois, sur un terrain non encore mesuré, mais dont il met en œuvre un hectare à peu près ; il n'a de cultures que des vivres indiens et du tabac fort beau, bien soigné, qui lui rapporte environ 300 francs par an.

Il voudrait s'agrandir pour défricher et planter du coton et du café ; ce dernier surtout se développe d'une façon prodigieuse sous ces grands ombrages. M. Bottiger demande dans ce but l'aide de la Caisse agricole.

Il a bâti lui-même la maison qu'il habite et son enclos.

Il a en cheptel un troupeau de 70 bêtes à cornes et 4 truies, appartenant à M. Champs, et vivant en liberté sur les propriétés du district.

Vairao, Teahupoo.

Jusqu'à Taravao, à partir de chez M. Bottiger, l'on ne rencontre plus que le désert, mais le désert enseveli sous une magnifique végétation, coupé de rivières coulant à pleins bords en pleine saison de sécheresse. De vastes plateaux que l'on pourrait utiliser s'ils ne manquaient d'eau, permettent de plonger le regard, du côté de l'intérieur de l'île, sur un véritable océan de forêts, suivant les ondulations du terrain et dessinant de larges et profondes vallées : tout cela muet, improductif, inexploré même, bien qu'on nous ait parlé d'un sentier quelquefois suivi par les Indiens pour aller à Tiarei par les montagnes.

La presqu'île de Taiarapu, de Taravao à Teahupoo, offre sur son rivage, que découpe profondément le port Phaéton, un aspect plus riche encore peut-être que le district de Papeari. La mer y offre des ports nombreux et bien abrités ; la terre, de vastes surfaces planes, dont une partie, près de Taravao, pourrait être facilement transformée en prairies artificielles ; la montagne, enfin, de larges vallées qui n'attendent que le caféier. Mais toutes ces richesses sont encore perdues pour l'homme ; personne n'a touché à ce splendide domaine de la nature sauvage.

C'est surtout vers Teahupoo que le monde des plantes revêt toute sa puissance, tout son luxe ; la couleur même annonce plus de vigueur ; rien ne donne dans l'île une idée de cette explosion de vie végétale. Là encore, sauf deux ou trois points où la montagne vient baigner sa base dans la mer, il y a des surfaces cultivables inattendues, sur le sol le plus riche que l'on puisse imaginer.

N° 110. — JOSE (Antonio). Cultive un terrain de bonne qualité, d'environ un demi-hectare. Il se livre principalement à la plantation du cacaoyer et du caféier, mais n'a pu encore les exploiter d'une façon sérieuse. Trente cacaoyers nouveaux n'ont rien produit, trois déjà anciens portent des fruits.

Un grand nombre de caféiers sont atteints du puceron, quelques-uns sont déjà morts.

Sa principale exploitation consiste dans l'élève du bétail. Il possède 40 bêtes errantes, 30 porcs, et 10 chevaux, dont 5 sauvages, et déclare avoir déjà perdu 22 têtes par suite de ce système d'élevage.

Les bâtiments de sa petite plantation consistent en une maison d'habitation et un hangar, que nous pouvons estimer en tout à 1,000 francs.

La seule plainte qu'il ait à formuler concerne les vols périodiques de bestiaux ou vivres auxquels il est exposé, lors de la récolte des oranges, de la part des indigènes qui viennent en bandes fabriquer du cidre avec ce fruit (*ava anani*),

N° 111. — DARCIN, à Vairao. Établi depuis 1847 dans le pays, possède deux hectares et demi de terrain excellent, dont il a défriché et cultivé avec soin un hectare et demi. Toute sa propriété est enclose d'une véritable fortification pour la mettre à l'abri des animaux.

Une grande partie de cette surface est consacrée à des vivres, manioc, bananiers, féi, etc., etc. Deux cents pieds de caféiers bien entretenus ont fourni, jusqu'à présent, en moyenne, 38 livres par an, la consommation du propriétaire. Le coton, qu'il n'a semé que comme essai, quarante pieds environ, vient avec vigueur. C'est du longue-soie, qu'il voudrait planter sur une plus grande étendue, et c'est dans cette intention qu'il demande à s'agrandir par l'entremise de la Caisse agricole. Enfin, il a 113 cocotiers déjà anciens.

Il possède, en outre, 19 bêtes à cornes, rentrant le soir dans un parc, et 60 porcs.

Ce colon est fort actif et très-industrieux. Sa maison, qui est commode et bien entendue, est son œuvre. Il a mis à profit la belle terre blanche des environs, et s'en est servi pour construire un four bâti dans de telles conditions de solidité que, seul, sur l'habitation de M. Milliard, il est resté intact au milieu des bâtiments emportés par le ras de marée du 3 février.

N° 112. — MILLIARD, Vairao. Ne possède guère que des bestiaux. Les terrains qui environnaient sa maison, sa maison elle-même ont été bouleversés par le ras de marée. Il voudrait acheter du terrain pour cultiver, et demande pour cela l'entremise de la Caisse agricole. Les terres qu'il a en vue ne contiennent pas moins de 30 hectares. Il a, d'un autre côté, des titres de donation de terrains de la part de la reine, mais non régularisés.

Il possède en ce moment environ 200 têtes de bétail, un cheval et 30 porcs.

N° 113. — VEHIATUA, chef du district de Teahupoo. Cultive en coton, maïs et tabac une surface qui s'accroit chaque jour par le défrichement, mais qui est traversée par une de ces veines de pierres analogue à ce que nous avons signalé dans d'autres parties de l'ile. Le tabac est cultivé pour sa consommation et celle des siens.

Les graines de coton qu'il a employées proviennent de la Caisse agricole. Une partie de son terrain, un demi-hectare, a été plantée en août, une autre en septembre. Le défrichement continue, et livrera au coton encore trois-quarts d'hectare.

Le maïs est en plein rapport.

Il n'a qu'une vache, et nous assura que la plupart des Européens possesseurs de troupeaux n'ont pas de propriétés dans le district.

N° 114. — TAOETOROA, oncle du précédent, à Teahupoo. Avait déjà préparé et planté quelques ares de terrain au mois d'août. Le coton qu'il a semé est de belle venue, mais n'a encore rien produit. Un demi-hectare est en ce moment prêt à en recevoir de nouveau, toujours de la même provenance (Caisse agricole). Le reste de la propriété, dont la surface est mal déterminée, est cultivé en vivres indiens, en tabac, ou garni de cocotiers inexploités, au moins en huile.

Là, aussi, nous avons trouvé un lit de cailloux, dirigé presque exactement dans le sens de la grande coupée qui communique avec la vallée de Tautira.

Tautira, Pueu, Afaahiti.

Moins favorisés par la nature que les districts de l'autre côté de la presqu'île, moins peuplés, et en contact moins direct avec Papeete, ces trois districts présentent cependant des parties d'une remarquable beauté. La vallée de Tautira n'a rien à envier aux vallées des autres cantons de l'île, et l'on trouve encore, en beaucoup d'endroits, de larges étendues d'excellentes terres, couchées entre la base des montagnes et la plage. Il est vrai que là, non-seulement la culture, mais la notion même de la culture manquent complètement, sauf des exceptions si rares que nous ne pouvons manquer de les citer.

Le voisinage du fort, à Taravao, a concentré en cet endroit un peu de travail et de mouvement, mais dans des proportions bien restreintes, et qu'un état de lutte permanente avec les bestiaux privilégiés n'est pas fait pour diriger vers l'exploitation agricole. Là cependant il y a, sur les deux côtés de l'isthme, de vastes plateaux dont l'irrigation serait possible, et qui, en tous cas, offrent déjà une vigoureuse végétation ; des terrains bas, des marais d'un dessèchement facile. Mais, là aussi, il manque des bras, comme dans toutes les parties de l'île.

De tous ces districts, le mieux disposé pour la culture est Tautira, où la plaine a une certaine étendue ; à Pueu les habitants ne paraissent décidés ni à planter, ni à supprimer la vaine pâture, et cependant ils ne possèdent pas de bestiaux. Le motif qui les fait agir dans cette circonstance est assez difficile à définir ; eux-mêmes ne l'expliquent pas bien clairement.

A Afaahiti, rien n'est planté, rien n'est cultivé, même dans les enclos formidables dont ils entourent leurs cases. Ils n'ont pas de bestiaux à eux, mais n'hésitent pas, au dire des voisins, à prélever une dime sur ceux des environs. C'est un pauvre district, contenant une vingtaine de hui-raatira, dont une partie est souvent employée à des corvées personnelles par leur chef titulaire, Ariiaue.

Enfin, pour terminer ce qui a rapport à l'examen général de ces districts, nous ferons remarquer que le régime des eaux y est tout différent de ce qu'il est sur le côté opposé ; les rivières y sont larges et profondes, les pluies fréquentes, tandis que l'autre versant n'a que des ruisseaux et se trouve garanti des pluies par les montagnes.

N° 115. — MANO, Tautira. Possède et fait valoir un assez grand nombre de pieds de caféiers, au Pari, à la pointe extrême de la presqu'île. Bien que cela ne constitue guère une plantation régulière, nous avons cru devoir le citer comme une exception dans ces districts.

N° 116. — ARATO, Pueu. A défriché, dans un sol excellent, un hectare et demi, dont le travail est terminé, et qui est prêt à recevoir les semences que le propriétaire tient de M. Brander.

Quelques autres habitants vont, disent-ils, se mettre à l'œuvre et en faire autant. La belle venue des cannes, du tabac et des vivres indiens cultivés par quelques-uns d'entre eux est une garantie de la bonne qualité du terrain.

N° 117. — Au fort (Taravao) qui domine l'isthme se trouve annexé un vaste jardin potager, parfaitement entretenu, et auquel nous accorderons une mention spéciale, en raison du système d'irrigation, aussi simple que bien entendu, qui amène, d'une assez grande distance (1,400 mètres), l'eau sur ce plateau élevé.

M. de Lespiney, commandant le poste, pendant la sécheresse extraordinaire de 1865, eut l'idée, autant pour arroser le jardin (ce qu'il eût été impossible de faire suffisamment sans cela) que pour éviter aux hommes de la garnison la pénible corvée d'aller chercher leur eau à une grande distance, d'amener sur le plateau une partie d'une petite cascade située dans la montagne et qui ne tarit jamais. La matière première était sous la main, et le bambou fit les frais d'un aqueduc, qui, tantôt élevé sur des perches, tantôt au niveau du sol, tantôt au-dessous, n'a jamais cessé de débiter un jet de la grosseur du bras dans un bassin creusé au milieu du jardin. Ce système est d'usage commun en Chine et dans l'Inde ; il avait été employé chez M. Stewart pour le service de la maison d'habitation, mais M. de Lespiney n'en a pas moins le mérite de l'avoir, le premier à Tahiti, appliqué à un service d'utilité publique. Nous venions de visiter des plaines desséchées, des récoltes perdues par le manque d'eau, et nous pensions que cet appareil, si simple et si peu coûteux, modifié suivant l'importance des cultures, les eût sauvées. La chose est faisable, car à une moindre distance que celle qu'a franchie M. de Lespiney, il est possible de trouver à peu près partout une prise d'eau à un niveau convenable.

N° 118. — DEVOUGE, à Afaahiti. Établi dans les environs du fort, sur une des pentes du coteau, sur de beaux terrains, dont une partie, celle qui est sur le plateau, manque d'eau dans les années de sécheresse. La superficie totale est de 64 hectares, sur lesquels trois sont complètement défrichés et nettoyés. M. Devouge nous a déclaré avoir jadis acheté et payé à la reine 250 hectares, dont les 64 qu'il possède actuellement lui auraient seuls été livrés.

Il a semé, il y a peu de temps, des graines de coton provenant de chez MM. Stewart et Gibson, qui lui ont déjà donné des produits de bonne qualité. Il avait aussi planté trois-quarts d'hectare de graines mêlées, dont les animaux errants n'ont pas laissé de vestiges.

Quatre cents pieds de cocotiers qu'il avait plantés sur sa propriété ont eu le même sort. Aussi M. Devouge est-il tout prêt à se conformer, pour sa part, au parcage des bestiaux, bien qu'il en possède un certain nombre. En effet, l'entretien et la réparation des clôtures lui prennent un temps précieux et lui coûtent un travail renouvelé sans cesse.

Il possède 35 têtes de bétail, mais en considère une douzaine comme perdues, ayant été volées par les indigènes. Il avait plusieurs chevaux, dont des larcins successifs ont réduit le nombre à un ; il a aussi un troupeau de 120 porcs.

La principale industrie de M. Devouge est la fabrication de l'eau-de-vie à l'aide des fruits sucrés du pays, ananas, évi, etc., etc. Son alambic est de la capacité de 2 hectolitres, et lui fournit annuellement 1,200 à 1,500 litres de produits spiritueux vendus à Papeete, et qui, sur place du moins, et après une année d'âge, sont de très-bonne qualité.

M. Devouge n'a aucune demande à formuler ; il se plaint seulement des déprédations de ses voisins indigènes.

Hitiaa, Mahaena, Tiarei, Papenoo.

Nous mettons ces quatre districts sous le même paragraphe, en raison des analogies frappantes qu'ils présentent, non-seulement sous le rapport de la position, mais encore sous celui de la constitution physique. Partout, dans l'Ouest, une lisière de terrain plus ou moins large sépare la mer de la base des montagnes ; ici, on ne trouve que des vallées plus ou moins étendues, plus ou moins profondes, qui s'ouvrent sur la mer, séparées par de hautes crêtes qui viennent s'y terminer brusquement. Dans l'Ouest, le récif qui suit le rivage y forme partout des ports et des abris ; ici la mer du large bat en côte avec toute sa violence, sauf du côté d'Hitiaa, où se trouve un port assez commode. Toutes les vallées de l'Est, en revanche, sont arrosées par des cours d'eau considérables, encore dangereux dans leurs caprices, mais que l'industrie humaine pourrait dompter et faire servir à ses intérêts.

Les conditions dans lesquelles se trouvent placés ces districts, par leur éloignement du centre commercial et la difficulté des communications, les a tenus en dehors du mouvement général qui s'opère en ce moment dans le reste de l'île. Les vivres indiens sont cultivés dans les villages ; quelques particuliers ont planté un peu de coton, mais les magnifiques terrains d'Hitiaa sont toujours couverts de forêts, et le grand cirque de Papenoo, que dominent tous les sommets de l'île, n'a même pas été exploré.

Toutes ces terres sont de qualité excellente jusque sur les hauteurs. Le climat, plus humide, toujours pluvieux, de ce côté de l'île, ne les laisse jamais manquer d'eau. Des indigènes avaient su apprécier tous ces avantages, et l'on retrouve des vestiges de leurs plantations sur les bords de la route, plantations qui, malgré leur assez grand développement, végétèrent toujours sous l'empire de la vaine pâture et l'absence de débouchés, et auxquelles la concentration forcée des populations vint enfin, en 1862, porter le dernier coup.

C'est ainsi que les cultures de Maraetata et Rutia furent abandonnées. Le nommé Opio, à Faone, a dû louer son moulin à cannes, devenu inutile ; un autre a laissé sur le terrain moulin, chaudières et fourneaux, couchés en désordre parmi les hautes herbes.

Dans tous ces districts, néanmoins, on soigne les cultures indigènes : le taro, le manioc, la canne, le tabac surtout, viennent bien, mais sous l'œil du maître, autour des cases, sauf à Tiarei, Mahaena et Papenoo, où les habitants ont su se mettre à l'abri des déprédations des bêtes errantes. A Mahaena, c'est un parc parfaitement fermé et entretenu, qui a sa comptabilité en règle, avec les noms des propriétaires, les partages de frais communs, etc., etc. Ainsi ils possédaient à notre passage :

72 bœufs ou vaches, dont 5 venaient d'être vendus ;
22 chevaux, dont 1 venait d'être vendu ;
291 porcs, dont 14 vendus récemment ;
57 chèvres.

Les animaux étaient magnifiques et bien soignés, à tel point qu'une seule bête, confiée à ce parc par M. Darling il y a quinze ans, en aurait déjà produit 46, dont 38 ont été livrées à leur propriétaire.

Le vrai peut quelquefois n'être pas vraisemblable.

A Papenoo, ils ont l'intention de diminuer encore l'espace qu'ils avaient livré aux animaux, et de les renfermer dans une vallée où leurs propres troupeaux et ceux de quelques Européens seront en sûreté. Leur immense vallée leur offre toutes facilités pour cela.

N° 119. — BUTCHER, à Faone. Cultive une petite propriété qu'il a couverte de cocotiers. C'est la seule de ses cultures qui pourrait offrir un intérêt industriel, si l'on savait tirer ici du coco ce qu'il peut donner.

N° 120. — FRASER, à Hitiaa. Commence une plantation de coton assez importante dans une petite vallée. Le mur d'enceinte est déjà fait, le terrain préparé. Il forme le vœu que l'on facilite les communications par terre entre les diverses parties du district.

N° 121. — HENRY, à Hitiaa. Établi sur un bon terrain en plaine, bien arrosé et propre à toutes les cultures. Il a défriché complètement deux hectares, dont un, planté en coton et maïs, n'a encore rien produit à cause de la lenteur du travail causée par le manque de bras. Le défrichement n'a pu commencer qu'en juillet, et la plantation en août, par le moyen des hommes du district, pris à l'entreprise, quand les corvées ne les retenaient pas. Le travail de la terre lui revient ainsi à 250 fr. l'hectare, dont 150 fr. pour le défrichement et 100 fr. pour la culture, l'ensemencement, etc.

Il a semé des graines provenant de chez M. Stewart, et défriche à la manière employée sur la plantation Soarès.

M. Henry possède aussi un troupeau de 42 têtes de bétail, dont une partie est parquée et le reste dans la vallée de Papeia.

Une jolie et confortable maison d'habitation, un jardin, des arbres fruitiers achèvent de donner à cette plantation un air d'aisance et de civilisation qui contraste avec l'état un peu sauvage des environs.

N° 122. — TEPATUA. A planté plusieurs mètres carrés de coton, provenant de graines de chez M. Brander. Il a quelques produits encore insignifiants, de belle qualité. Les gens de ce district paraissent mal renseignés sur la question de la culture du coton. Ils planteraient, disent-ils, mais ils n'ont pas de graines, et ne savent comment, plus tard, écouler leurs produits ; mieux renseignés, surtout sur la gratuité de la distribution des graines, ils viendront sans doute en chercher.

N° 123. — TAÏMETUA. Comme le précédent, a semé du coton sur un espace restreint qu'il veut agrandir, surtout à la vue de ses produits, qui sont de très-belle qualité, mais en quantité encore insignifiante. Il a semé des graines provenant de la Caisse agricole.

N° 124. — ROURA. A défriché et mis en état de recevoir du coton un hectare de bonnes terres.

A défaut du coton, les gens du district ont planté jusqu'à présent, et plantent encore, des milliers de cocotiers.

N° 125. — TAI, à Tiarei. A défriché il y a un an et planté en janvier quelques ares de coton, avec des graines provenant de chez M. Brander. Son intention était d'étendre sa culture, mais l'érection des cases métriques ne lui a pas permis de travailler d'une façon régulière à cet agrandissement.

N° 126. — TAUTE. A planté un are à peu près de coton qu'il a semé en mars. Les graines provenaient de la Caisse agricole, et les produits qu'il a obtenus, insignifiants comme quantité, sont magnifiques comme qualité. Quelques plants seulement ont été altérés par le voisinage du coton tahitien.

N° 127. — MOEINO, Tiarei. A déjà défriché d'une façon complète près d'un hectare et demi d'un riche terrain, et plante maintenant. Six ares avaient été nettoyés et semés en août avec des graines provenant de la Caisse agricole, mais la sécheresse a retardé sa croissance. Il est vrai que c'est peut-être à cette même sécheresse que ce coton doit l'absence du borère dans ses bourgeons.

Moeino continue à défricher et à planter, mais il est seul et n'a pas toujours à sa disposition les outils nécessaires.

N° 128. — HAUMU, chef mutoi, Tiarei. S'est mis à l'œuvre et a attaqué, pour la défricher en entier, une surface de plus d'un demi-hectare qu'il plantera en coton. Quatre ares, commencés en septembre, sont déjà défrichés ; un are est planté avec des graines provenant de chez M. Stewart. Le travail est bon et le défrichement bien entendu.

Il manque de bras et surtout des outils nécessaires.

N° 129. — METUARO, Tiarei. A déjà défriché un hectare et demi d'un sol riche et bien situé, et continue le nettoyage du terrain. Il a commencé en juin, et près d'un hectare a été ensemencé depuis cette époque avec des graines provenant de la Caisse agricole. Les semis se poursuivent avec des graines de chez M. Stewart. La mise en œuvre est fort bonne et le défrichement s'effectue par la méthode de la plantation Soarès.

Metuaro se plaint aussi du manque de bras, et offrait de prendre comme travailleurs payés les prisonniers ou débiteurs de l'État qu'on voudrait mettre à sa disposition.

L'on ne peut attribuer le nombre imprévu des cultures à Tiarei, et l'ensemble avec lequel tous se sont mis à l'œuvre, faisant des essais et acquérant ainsi l'expérience qui leur manquait, qu'à l'influence du chef Hitoti, que son éducation européenne a mis à même d'apprécier les véritables intérêts de son pays, et la nécessité de ne négliger pour lui aucun des moyens de civilisation.

Haapape, Papaoa.

Le district d'Haapape, qui termine l'île du côté du nord, participe à la constitution physique des districts de l'Est, mais étend sur des espaces infiniment plus grands sa plaine couverte de forêts. Aussi beaux, aussi riches qu'à Hitiaa, ces terrains, qui pourraient devenir le théâtre d'une exploitation de premier ordre, ont l'inappréciable avantage d'être voisins du centre commercial de l'île, d'avoir un port et des communications faciles avec tous les points de la côte. Malgré ces ressources, Haapape est à peu près nul sous le rapport de la culture, et le chef titulaire, toujours absent, ne peut guère encourager les efforts qui seraient tentés.

Du côté de Papaoa, le pays revêt peu à peu le caractère qu'il conservera jusque vers Maraa, sur le même côté de l'île. La largeur de la zône riveraine va en augmentant à partir des sables de Tahara ; le sol n'a pas cette richesse, la végétation cette exubérance si remarquable dans les vallées de l'Est. Il est partout fécond et puissant encore cependant, et pourrait enrichir celui qui l'utiliserait ; mais à Papaoa, moins encore peut-être qu'à Haapape, le travail de l'homme n'a disputé sa richesse à la terre. Des vivres indiens forment toutes les cultures des habitants, sauf deux ou trois petits carrés plantés en coton à titre d'essai devant les cases métriques, et entretenus par les femmes.

N° 130. — CONTRAUT. Établi à Haapape dans les meilleures conditions de sol et de position, possédait depuis 1855 un terrain d'un hectare, qu'il a porté à neuf depuis quelques mois. Il n'a, en fait de cultures, qu'un enclos bien entretenu attenant à sa maison, et occupé par un jardin potager d'un quart d'hectare, un hectare en féi, de nombreux cocotiers, des arbres fruitiers et une belle vanillière.

M. Contraut utiliserait bien le reste des terrains en friche qu'il a en plaine, mais les bras manquent ; les gens du district sont souvent employés aux corvées commandées par leur chef, et la population capable de travailler se trouve diminuée d'autant. Avec l'intention de planter du coton, il recule devant les prix qui lui sont demandés pour le défrichement pur et simple : ce n'est pas moins de 450 à 500 francs l'hectare.

La vanille est belle et couvre une grande étendue de son jardin, mais ce produit est déprécié en ce moment. Elle lui a rapporté jusqu'à 2,000 livres, à 60 francs la livre en moyenne ; aujourd'hui, il n'en peut trouver plus de 25 francs.

Il occupe un Espagnol en ce moment, mais, pour les travaux de sa propriété, il n'a jamais employé que des Mangaréviens ou des indigènes de Rorotonga. Cette terre forme la dépendance d'une assez jolie maison d'habitation, accompagnée d'une servitude. Nous estimons le tout à 4,000 francs.

M. Contrant possède un cheval. Ce propriétaire se plaint assez vivement des déprédations de ses voisins indigènes ; déprédations qui nous ont été signalées assez généralement.

Nº 131. — TAHURAHI, Papaoa. A planté un are et demi environ de coton, dont les graines provenaient de la Caisse agricole et qui n'a pas encore produit. Deux autres petits terrains, l'un d'un are et demi, l'autre de deux ares, appartenant aux nommés Taro et Maa, ont été préparés et ensemencés dans les mêmes conditions. Ces trois personnes sont les seules qui, à cette époque, avaient planté à Papaoa autre chose que des vivres indiens.

Tel que nous avons l'honneur de vous le soumettre, Monsieur le Commissaire Impérial, ce tableau n'est que l'expression fort imparfaite de ce qu'est actuellement l'île au point de vue agricole et de ce qu'elle peut devenir. Certainement, beaucoup de choses ont été faites, bien des progrès réalisés, et l'on peut, au seul examen des vœux d'agrandissement, au genre de demandes que formulent les planteurs, se convaincre que les mesures protectrices de l'agriculture récemment prises agissent de plus en plus énergiquement. Cependant, jusqu'à ce jour, une mince lisière seulement du territoire cultivable de l'île a été attaquée par le défrichement, qui n'embrasse guère plus de 1,200 hectares en dehors de la belle plantation de la Compagnie Soarès, et quelque restreinte que soit sa surface comparée au pays tout entier, les efforts de l'homme y marquent à peine leur trace. De grands terrains cultivables existent à Haapape. Dans l'Est, dans la presqu'île même, sur le rivage, des bois impénétrables recouvrent et dissimulent des espaces dont on ne peut apprécier l'étendue, où la voix humaine trouble rarement les animaux errants qui les parcourent en liberté. Ce ne sont pas, en outre, des terres de qualité ordinaire, que ces couches d'humus d'une épaisseur qui passerait pour fabuleuse en Europe, et résultent de la lente accumulation des détritus végétaux à la surface du sol. Des siècles ont travaillé à composer cet engrais que l'industrie humaine ne saurait épuiser de longtemps.

Les bois qui ont contribué à la création de ce précieux terreau, et qui étalent à sa surface leur puissante végétation, forment presque partout une sorte de trompe-l'œil qui a pu induire en erreur ceux qui, jusqu'à présent, ont essayé d'évaluer la superficie du sol cultivable à Tahiti. Partout où une trouée a été faite, où l'on a pu plonger le regard jusqu'au pied de la montagne, l'on a trouvé des distances inattendues, des espaces propres à tous les genres de cultures, dont on ne soupçonnait même pas l'existence.

Si, dans la portion même de l'île que traversent les routes, où sont accumulées les habitations, les plantations, l'activité, nous en sommes encore à cet état d'incertitude au sujet de l'importance des ressources agricoles de Tahiti, que devons-nous penser des parties qui nous sont à peu près inconnues, de cet intérieur qu'il n'est encore possible de contempler qu'à distance, et qui offre peut-être à des exploitations de tous genres des richesses dont nous n'avons pas l'idée ? La vigueur avec laquelle les plus grands arbres s'élancent sur des pentes abruptes, sur des sommets impraticables, donne la mesure de ce que doivent être le fond des vallées, les bassins qu'ils dominent, réceptacle naturel des débris organiques, de toutes les substances fertilisantes que la végétation entretient et renouvelle sur leurs flancs. Et ces bassins ne sont pas toujours, à coup sûr, des ravines étroites, de gigantesques déchirures ; plus d'une fois, après avoir franchi une gorge resserrée entre des murailles à pic, dissimulées par des massifs d'arbustes ou le sombre feuillage des grands arbres, l'on s'est trouvé dans un véritable cirque, au fond large, aplani, qui, débarrassé des broussailles et des bosquets qui ne permettent pas d'abord d'en apprécier la surface, prend des proportions considérables. Des centaines de mètres séparent réellement des pentes qui semblaient se confondre à leur base.

Enfin, nous ne devons pas passer sous silence le magnifique privilége que cette île favorisée possède à côté de tant d'autres. Nous voulons parler de son climat, de sa salubrité exceptionnelle, reconnue depuis sa découverte, célébrée par tous les voyageurs qui se sont succédé sur ses rivages. Les Européens peuvent ici, sous la zône tropicale, travailler impunément aux champs, à l'ardeur du soleil ; les défrichements, les terres remuées n'ont eu pour l'hygiène publique aucun des terribles inconvénients qui signalent, dans les autres colonies, ce genre de travaux. Les colons isolés dans l'ile, éloignés de tout secours médical, fatigués par le rude labeur de la culture d'une terre vierge, mal logés souvent, réduits parfois à une nourriture complètement en dehors de leurs habitudes, n'ont cependant fourni qu'un contingent minime au chiffre de la mortalité annuelle, qui a porté, dans des proportions bien autrement considérables, sur les Européens de Papeete, auxquels ne manquaient ni le bien-être ni les soins.

De tout ce qui précède, de l'état des cultures que nous avons l'honneur de mettre sous vos yeux, et des quelques considérations dont la Commission a cru devoir l'accompagner, il est facile de se convaincre, Monsieur le Commissaire Impérial, que Tahiti subit en ce moment une véritable transformation. Une pareille transition, le passage du sommeil à l'activité, d'une insouciance séculaire à l'exploitation raisonnée de richesses négligées, ne peut se faire en un jour. Mais le mouvement est donné ; tous le subissent plus ou moins directement, tous profiteront de son heureux résultat. Aussi, après ce qu'elle a vu, ce qu'elle a constaté, la Commission n'hésite pas à avoir foi dans l'avenir de cette belle contrée, et à espérer, comme vous, que Tahiti, sans beaucoup d'énergie et de persévérance, pourra rivaliser, un jour, avec les plus beaux domaines coloniaux de la France.

Nous avons l'honneur d'être,

Monsieur le Commissaire Impérial,

Vos très-respectueux serviteurs,

Les Membres de la Commission :

BONET, secrétaire-général;
LABBÉ, propriétaire-agriculteur;
PERNET, pharmacien de la marine.

TERRE-EUGÉNIE.

RAPPORT SUR L'ÉTABLISSEMENT SOARÈS & Cie.

Papeete (île Tahiti), le 31 octobre 1865.

MONSIEUR LE COMMISSAIRE IMPÉRIAL,

Conformément à vos instructions, la Commission appelée à parcourir les diverses parties de l'île pour y constater l'état des cultures devait faire de l'établissemeut Soarès et Cie, fondé il y a environ vingt mois dans le district d'Atimaono-Papara, l'objet d'un rapport spécial.

La Commission reconnaît en effet, tout en rendant justice à la bonne volonté, à l'énergie dont témoignent certains efforts individuels tentés dans la colonie, que nul d'entre eux, sous le rapport de la puissance des moyens d'action, de l'importance des travaux exécutés ou en cours d'exécution, de la quantité des produits déjà obtenus, ne pent être mis sur la même ligne que cette exploitation.

Avant d'en appeler à l'éloquence des chiffres, nous devons constater que l'aspect, la nature même du pays qui en est le théâtre ont été considérablement modifiés.

De belles et larges routes sillonnent aujourd'hui dans tous les sens ce territoire couvert il n'y a pas deux années d'impénétrables fourrés de goyaviers et de burao, domaine incontesté du bétail errant. Les quelques endroits marécageux qui s'y rencontraient ont été desséchés et offrent actuellement à la culture d'excellents terrains ; les cours d'eau encaissés permettront à l'industrie d'en tirer un parti avantageux. Le goyavier, considéré jadis par les agriculteurs comme un obstacle insurmontable, a disparu presque entièrement partout où l'on a planté, et il n'est pas douteux qu'il ne soit promptement anéanti sur toute la surface des cultures. Enfin cinquante-cinq bâtiments d'exploitation ou d'habitation s'élèvent au milieu de ce qui n'était à peu près qu'un désert au 1er janvier 1864. Une jetée en pierre, un débarcadère pour les marchandises, un port naturel, facile et sûr, complètent cet ensemble.

La propriété entière, plaines et montagnes, comprend une superficie de 3,400 hectares, dont les trois-quarts environ sont cultivables. Les terres actuellement en exploitation se divisent ainsi :

Plantés en cotonniers (en rapport)........................ 72 hectares.
— en produits d'utilité immédiate pour l'exploitation, potagers, cannes, taro, herbe de Guinée, etc. ...... 12 »
— en cotonniers (récemment plantés)............... 60 »
Terres défrichées .... 320 »

TOTAL des terres exploitées...... 464 hectares.

Nous ne pouvons donner une idée plus exacte de l'importance de cet établissement qu'en plaçant sous vos yeux les renseignements suivants, extraits des livres de la compagnie ; ils nous dispensent d'un long exposé :

Dépenses.

Valeur en machines, constructions, importation de travailleurs, approvisionnements divers de l'exploitation de la Compagnie Soarès au 27 sept. 1865.

Bâtiments, consistant en 54 maisons d'habitation, usines, magasins, écuries....................	122,925 fr.	00 c.
Machines diverses............................	40,294	50
Outils d'agriculture...........................	12,030	00
dᵒ de charpentage........................	973	00
dᵒ de forge...........................	1,675	00
Ameublements divers.........................	6,830	00
Bétail, chevaux, bêtes à cornes, porcs..........	36,210	00
Introduction des coolies chinois...............	215,000	00
Coût de l'introduction d'indigènes des îles voisines.	25,000	00
Deux goëlettes............................	45,000	00
Canots	1,500	00
Provisions pour navires......................	7,330	00
Valeurs en magasin, approvisionnements divers..	117,556	50
TOTAL..............	632,324 fr.	00 c.

Dépenses faites sur la plantation de la Compagnie Soarès depuis le 9 janv. 1864 jusqu'au 27 septembre 1865.

Travail et direction...........................	233,725 fr.	50 c.
Vivres.....................................	82,858	60
Dépenses de voyages, passages	5,763	65
Frets divers................................	122,155	00
Pilotage	1,181	00
Dépenses des goëlettes	44,530	00
dᵒ en matériel de construction..........	100,934	50
Machines...................................	6,463	30
Chevaux, voitures, harnais	11,670	00
Divers.....................................	21,873	10
Cadeaux...................................	1,500	00
Travaux divers	5,000	00
TOTAL..............	637,654 fr.	65 c.

Produits portant sur les 72 hectares plantés en cotonniers.

Coton égrené, en magasin...............................	7,500 fr.	00 c.
Coton non égrené, en magasin......................	80,000	00
Coton égrené déjà expédié en Angleterre ou en France.	252,080	00
Valeur estimée d'une partie de la récolte de coton encore sur pied, jusqu'à la fin de 1865	160,000	00
Maïs en magasin.................................	3,350	00
Maïs vendu..	5,000	00
Valeur estimée de la récolte de maïs actuellement sur pied...	10,000	00
Total...................	517,930 fr.	00 c.

Au produit de ces 72 hectares, on peut juger de ce que sera le rendement de l'établissement en pleine exploitation. Sans cependant prendre pour base définitive ce premier résultat, nous pouvons affirmer que ce rendement atteindra un chiffre énorme. Au moment où nous écrivons, le produit, en coton récolté, évalué au prix donné par M. Soarès, s'élève à 487,500 francs.

Ces 72 hectares qui, au 1er septembre dernier, avaient déjà rapporté environ 21 tonneaux de coton égrené, expédié en Europe, ont donné, pour ce même mois, une récolte de 94,651 livres de coton en graines ; enfin aujourd'hui, après cette production considérable, le rapport journalier de ces 72 hectares est d'environ 3,000 livres, et les arbustes sont encore chargés de fleurs et de capsules, comme au jour où elle a commencé.

Les travailleurs, qui tous, du reste, par l'état florissant de leur santé, témoignent des soins dont ils sont l'objet, se forment, font mieux et plus vite. Enfin, nous le répétons, tout annonce le succès et fait présager un rendement hors de toute prévision.

Dans l'état actuel des choses, nous basant sur le chiffre du capital transformé, tant par l'acquisition du sol lui-même que par la construction des bâtiments nécessaires à l'exploitation, sur le produit énorme de la fraction minime de la propriété mise en culture ; tenant compte aussi des avantages locaux que présente l'établissement, cours d'eau, port magnifique, exposition, conditions climatologiques des plus favorables, nous ne croyons pas être au-dessus de la vérité en évaluant la propriété, telle qu'elle se comporte, à la somme d'environ cinq millions de francs.

Telle était, Monsieur le Commissaire Impérial, la situation de l'exploitation Soarès et Cie à l'époque de notre passage. Mais elle se modifie chaque jour, grâce aux travaux incessants, à l'infatigable activité qui règnent sur ces terres vouées désormais à la culture.

Plus rapide encore sera leur transformation lorsque le gérant, M. Stewart, aura reçu les centaines d'émigrants chinois qu'il attend ;

pionniers intelligents, industrieux, qui feront de l'établissement d'Atimaono le centre d'une immense production, et le modèle des cultures auxquelles se prêtent si bien les plaines et les vallées de cette île.

L'exemple a déjà produit de sensibles résultats, et le mouvement de l'agriculture à Tahiti en a reçu une vive impulsion. Ce résultat seul suffit pour mériter au gérant de l'établissement, qui a créé à l'extrémité de l'île un véritable centre de civilisation, les sympathies et l'estime de tous ceux qui s'intéressent au succès de l'influence européenne dans ces contrées, si neuves et encore si délaissées. Tel est l'avis de la commission. Elle pense qu'il conviendrait de distinguer d'une manière spéciale le fondateur de cet établissement qui, inaugurant ici la grande culture, a donné à tout ce qui se trouve dans le rayon de ses travaux une impulsion remarquable dans le sens de nos idées de bien-être, de liberté et de progrès, et a aidé, en un mot, le gouvernement dans la conquête morale de ces populations.

Nous avons l'honneur d'être,

Monsieur le Commissaire Impérial,

Vos très-respectueux serviteurs,

Les Membres de la Commission :

BONET, secrétaire général ;
LABBÉ, propriétaire-agriculteur ;
PERNET, pharmacien de la marine.